Fabio de Jesús Zuluaga Ángel

Drzewko Babci

Fabio de Jesús Zuluaga Ángel

Drzewko Babci

Transmutacja życia

Wydawnictwo Bezkresy Wiedzy

Imprint

Cover image: www.ingimage.com

This book is a translation from the original published under ISBN 978-613-7-39018-4.

Publisher:
Wydawnictwo Bezkresy Wiedzy
is a trademark of
Dodo Books Indian Ocean Ltd., member of the OmniScriptum S.R.L Publishing group
str. A.Russo 15, of. 61, Chisinau-2068, Republic of Moldova Europe
Printed at: see last page
ISBN: 978-620-0-54377-6

A co do ciebie, życie, myślę, że jesteś spadkobiercą
z wielu zgonów.

(WALT WHITMAN)

Dedykowany moim rodzicom, Alfonsowi i Noemy'emu.

Moi bracia.

Moja córka Maria Paulina i

Jego matka Margaret Mary.

1. Ziemia. Sleep

Już słońce oświetla moją twarz i plecy w ciemności, a ty, Gaya Maria Sotomayor de Ortiz, śpisz spokojnie w swojej sypialni małżeńskiej. Wirowanie to moje przeznaczenie od czasu mojego pochodzenia z układu słonecznego, cztery i pół miliarda lat temu. Macierzyństwo było twoje. Obracać się wokół mojego własnego ciała, jak tancerka w parnym białym welonie, rozwijając moje niebieskie włosy przeciwko tajemniczej ciemności przestrzeni, przeganiając to słońce, które już nigdy nie zobaczy, że śpisz, i przynosząc noc do odpoczynku. Zawsze kręćcie się wokół Słońca, jak ćma wokół lampy, ukręcając moje zakręty w waszych latach, które przywrócą was do gwiezdnego pyłu, z którego przyszliście. Wirując wokół słońca idę, ciągnąc mój niemy bezwarunkowy księżyc i moją hydrosferę, złożoną ze strumieni, potoków, rzek, jezior, mórz, oceanów i czapli polarnych, które zajmują trzy czwarte mojej powierzchni. Niosę ze sobą ogromny, niewidzialny ocean mojej atmosfery gazów niezbędnych do życia: tlenu, azotu i dwutlenku węgla, który waży zaledwie pięć tysięcy siedemset miliardów ton materii gwiezdnej. Orbitując wokół słońca idę, niosąc miliardy istot ludzkich oraz miliony i miliony stworzeń, które tworzą moją biosferę. Wirująca wokół Drogi Mlecznej w formie spirali jest losem Słońca z nami wszystkimi, planetami systemu sar, które ty, Gaya Sotomayor, znasz na pamięć od czasu, gdy byłeś w szkole, a z naszymi pięćdziesięcioma ośmioma księżycami i tysiącami asteroid, idę. Obracanie się wokół innych galaktyk jest losem naszym i gromad galaktyk. Kręcenie się i obracanie się wokół czegoś jest losem wszelkiej materii we wszechświecie i wszelkiego życia. Twoje życie, kobieto, obraca się jednak tylko wokół twojego męża Cleo i twojego syna Johna; wokół twoich dmuchaw i azalii oraz twoich ptaków podwórkowych, a także wokół twojej pozostałej jedenastki dzieci, które są daleko i twoich dwudziestu dwóch wnuków; wszystkie one są w twoich myślach i nigdy cię nie opuszczą. Ten malutki domek to cały twój świat.

Gaya, śpiąca, naciskała na powieki.

Należymy do Drogi Mlecznej, niesamowitego oceanu ponad stu miliardów słońc, gdzie nasze, to które znasz jako słońce, jest tylko mglistym punktem światła w jednym z wielu zewnętrznych ramion tej spiralnej galaktyki. Jestem niczym więcej niż ziarnem piasku zagubionym na plaży morza, w tym świecie przestrzeni kosmicznej, o niezmierzonych wymiarach, gdzie każdy obiekt, jakkolwiek by się nie wydawało, staje się nieistotny w porównaniu z przytłaczającym wymiarem.

Pomimo mojego znikomego znaczenia, jestem niezwykłą planetą w Układzie Słonecznym: jedyną znaną do tej pory człowiekowi, w której materia pochodząca z wnętrza gwiazd ewoluowała od prostej do złożonej, by stać się życiem, które w człowieku stało się sumieniem i sercem.

Jestem niebiesko-białą rutylową perłą unoszącą się na ogromnym morzu tajemniczej czerni, a także szafirową kulą pomiędzy białymi pchłami i lśniącymi białymi czapkami na biegunach, jak opisało mnie z podziwem dwóch dwudziestowiecznych astronautów, którzy mieli przywilej kontemplowania mnie z kosmosu. Ty sam, poprzez telewizję i fotografię, kontemplowałeś mnie wielokrotnie, w całej mojej wściekłości, z całym moim kolorem, z moją całkowitą nagością lub ze zmiennością moich ubrań.

Gaya upuściła głowę na jego ramię. Wyskoczył mu mały mięsień w policzku. W leniwym śnie, od kiedy Cleo wstała, by pobrać próbki do laboratorium, wróciła spać, solidnie. Spał z głową spoczywającą na środku poduszki i z kocem podciągniętym do szyi. Śniło mu się, a jego pomarszczone usta zdawały się coś żuć.

Jestem przekonana - jestem kobiecą Ziemią - że jestem najpiękniejszą planetą w układzie słonecznym. Wenus, rzymska bogini miłości i piękna, byłaby mną, gdyby astronomowie starożytności mieli przywilej doceniania mnie z kosmosu. Ale oni wyobrazili sobie mnie, Gaya, i to była ich zasługa.

Moja historia o Wszechświecie jest długa, a wiele naukowych, teologicznych, filozoficznych i światowych domysłów jest utkanych o moim pochodzeniu i ewolucji. Jestem hobby mężczyzn i kobiet wszystkich czasów. Dla niektórych, rzeczywiście, na początku był to chaos, mylenie nieograniczonej przestrzeni, ogromna mieszanka wody, ognia, skały i powietrza. Dla innych, na początku był czasownikiem, a czasownik stał się ciałem i mieszkał między nami i wszystkim, co widzimy, znamy, czujemy i słyszymy, stworzył, wymawiając słowo "niech będzie" w intonacji precyzyjnej, w okresie sześciu dni; a w siódmym dniu odpoczął: szabat, który później został pomylony z niedzielą. Inni teologowie, bardziej na wschód od was (lub bardziej na zachód, a to jest szlachetny paradoks mojej krągłości), mówią mniej więcej to samo, ale używając innych kombinacji liter dla Boga Stwórcy: Bóg, Jahwe!

Dla innych ludzi nauki wszystko zaczęło się piętnaście miliardów lat temu od eksplozji kosmicznego jajka, punktu nieskończenie mniejszego niż ten pozostawiony przez cienki punkt ołówka na kartce papieru, gdzie cała materia Wszechświata była skoncentrowana, w rejonie czasu kosmicznego.

Te rozkosze myślenia, Gaya, są różnymi wersjami mojego pochodzenia i ewolucji i łączy je to, że są piękne i fantastyczne i wszyscy przyjmują, że miałem początek: chaos, czasownik czy pierwszy wybuch, co jeszcze człowiek może o mnie powiedzieć?

Tajemnice mojego pochodzenia, ukryte w głębinach mórz i oceanów, w kanionach wyrzeźbionych gładkim dłutem mojej tysiącletniej wody, w ukrytych warstwach kory i w twardej skórze moich skał i minerałów, są tajemnicą, której poszukuje człowiek. I podczas gdy naukowcy, teolodzy, filozofowie i zwykli ludzie bawią się próbując rozszyfrować moje tajemnice, aby wypełnić swoje życie sensem, ja kontynuuję swój nieubłagany marsz przez przestrzeń kosmiczną, chroniąc je wszystkie, tworząc i chroniąc wszystkie formy życia w równym stopniu, jak wy wychowywaliście każde z waszych dwunastu dzieci, które stworzyliście we mnie, na waszej planecie, która przemawia do was. Jestem twoim domem, Gaya, głosem wszystkich głosów.

Gaya wzdychał. Odwróciła się w łóżku, powoli, i zwinięła jak płód, uwodzona fantastycznym głosem.

Słuchajcie - kontynuował głos jego głębokiego snu - wasz dom, zaludniony nauką i strachem, zjednoczył w waszych dzieciach języki wiedzy; dom zawodowych szaleńców Sotomayora i Ortiza; słuchajcie, wy:

Niektórzy naukowcy twierdzą, że na początku byłem kulą żarowego gazu i że chłodziłem się i ściskałem, dopóki nie uzyskałem swojego obecnego kulistego kształtu, spłaszczonego na biegunach i wybrzuszającego się na półkuli południowej, a później moja temperatura ustabilizowała się między piętnastoma a trzydziestoma pięcioma stopniami Celsjusza, co było wartością godziwą dla pojawienia się i utrzymania życia na planecie.

Twierdzą, że moją pierwszą atmosferę stworzyły gazy wydostające się z moich niszczycielskich wybuchów wulkanicznych: dwutlenek węgla, azot i para wodna. Ani witalny tlen, ani ozon, który chroni delikatne cząsteczki DNA, będące podstawą wszelkiego życia, przed zabójczymi promieniami ultrafioletowymi Słońca, nie były jeszcze obecne.

Twierdzą oni, że para wodna jaka ulatniała się z mojej powierzchni skraplała się w górnych warstwach atmosfery i natychmiast wytrącała się w postaci płynnej wody; że jak tylko nadeszła, ponownie wyparowała, oraz że do tego czasu moja powierzchnia zachowywała się jak nieznośna blacha płonącego metalu, której wysoka temperatura nie pozwalała na trwałość płynnej wody na niej.

Mówi się, że czas niwelacji został ukuty w miliardy lat i że temperatura mojej powierzchni spadła i w końcu woda mogła nad nią płynąć i tworzyć strumienie, potoki, riwule, rzeki, które rozpuszczały substancje i minerały i czołgały się jak rozległe srebrne węże, i gromadziły się, tworząc moje morza i oceany regulujące moją temperaturę i ciepło słońca.

Twierdzą również, że tysiące lat później w moich morzach pojawiły się pierwsze formy życia, fotosyntezy alg, że nauczyły się one jeść dwutlenek węgla w mojej atmosferze i parę wodną, a za pomocą światła słonecznego wytworzyły życiodajny tlen; i że wraz z nim i ze światłem słonecznym stworzyłem ochronny ozon życia.

To prawda, to prawda. Ale to, co żaden z tych ludzi nie rozumie, to jak i dlaczego cudownie przypadkowa i rozrzutna materia, wytworzona w bosomie gwiazd, kwarków, elektronów, protonów i neutronów, wyewoluowała do postaci atomów, molekuł, związków, aminokwasów, białek, komórek bez jądra, prokariotycznych i komórek z jądrem, eukariotycznych.

Dla nich wciąż pozostaje tajemnicą, jak komórki eucharystyczne nauczyły się jeść światło słoneczne, powietrze i wodę mojej atmosfery oraz zamieniać moje błękitne niebo w pyszne owoce, które produkują moje wspaniałe drzewa. Dzięki tym komórkom moja rozległa i do tej pory jałowa powierzchnia pokryta była zielonymi łąkami, lasami świecącymi i lasami wielobarwnymi.

Gaya uśmiechnął się.

Hej, kobieto-rodząca:

Komórki eukariotyczne zakończyły swoją ewolucję i z czasem nauczyły się produkować więcej z siebie, jedną z cech życia, i utworzyły kooperacyjne stowarzyszenia i tkanki, aby uczynić ich pracę bardziej efektywną; tkanki rozwinęły wyspecjalizowane organy, które dzieliły funkcje; organy z kolei utworzyły złożone organizmy, a złożone organizmy stanowiły grupy, rodziny i gatunki.

Ostatnio, w porównaniu z całym moim okresem ewolucji, pojawił się gatunek ludzki.

Gaya znów się uśmiechnął.

Jesteś, Gaya, typem naczelnego, który właśnie przybył do mojego domu, prawie na początku, którego największa biologiczna specjalizacja leży w wysokiej złożoności funkcji, które część jego centralnego układu nerwowego nabywa, chociaż wymagało to tylko kilku wariacji wspólnych sekwencji niektórych genów, które składają się na chromosomy wielkiej grupy Pongidów i Hominidów: goryli, szympansów i ludzi. Ty, Cleo, Juan, twoje dzieci i wnuki, wszyscy Sotomayor i Ortiz, jesteście naczelnymi.

Gaya znów się uśmiechnął.

Nie daj się skandować, mamo" - usłyszał jasny głos Johna, "Kościół już akceptuje ewolucję".

Gaya zacisnęła powieki. Włożył ręce do krocza, a jego usta nadal się poruszały, jakby coś żuł.

Ziemia nadal mu mówiła:

To właśnie moja wspaniała różnorodność, produkt złożonej ewolucji strukturalnej ugrupowań organizmów żywych, sprawiła, że nadawałem się do zamieszkania dla takiego gatunku, jak wasz, którego wyewoluowany mózg, złożona materia myślowa i który z kolei jest zdumiony, że myśli, stworzył, poprzez pracę, naukę i technologię, od których zaczęło się moje niszczenie i skażenie na wielką skalę, oburzenie, które nie zostanie wybaczone.

Gaya, marnotrawstwo mojej wody i twoje, aroganckie istoty, które myślą, że są właścicielami mojego siedliska i roszczą sobie prawo do jedynego użytku mojej biosfery, które niszczą i zanieczyszczają moją atmosferę, która służy im jako spiżarnia, bariera i płuco, niszcząc moją warstwę ozonową, którą dla nich stworzyłem, aby chronić ich życie i życie wszystkich istot, które we mnie żyją; Nieprzytomne istoty, które emitują gazy powodujące wzrost mojej temperatury, co doprowadzi do stopniowego zanikania moich wiecznych śniegów, takich jak te z Kilimandżaro, oraz do wzrostu poziomu moich mórz, powodzi, śmiercionośnych susz, cyklonów, burz i śmiertelnych epidemii; niech ludzie słuchają tej ogromnej prawdy, która powinna skłonić ich do pokory i do zmiany postawy wobec mnie, domu, który im pożyczyłem.

Twarz Ziemi stała się tak zaokrąglona, że bardziej przypominała wyimaginowaną doskonałość, jaką Gaya miała w głowie niż samą Ziemię. Gaya stopniowo uspokajała lekkie napięcie, które czuła, a planeta nadal jej mówiła:

Mężczyźni są gatunkiem, który właśnie ożył, a najbardziej nieistotne i najnowsze bakterie o mnie są, miliony i miliony lat, starsze od każdego z nich, niezależnie od tego, jak potężne są, kimkolwiek są. Bez każdej z tych bakterii, które ludzie uważają za nieistotne stworzenia i unicestwiają, ich życie nie byłoby możliwe. A jednak ludzie popełniają przeciwko mnie największą niesławę: moje zniszczenie, a wraz ze mną ich domu, wyjątkowego we wszechświecie dla jego piękna i splendoru.

Gaya poderżnął jej gardło, podrapał udo po kocu i włożył rękę z powrotem na kolana.

Nauka i technika pozwalają dziś człowiekowi wznowić podróż do gwiazd, z których przyszedł, i umożliwić mu teraz, jak nigdy wcześniej w historii ewolucji, kontemplowanie mnie z kosmosu i podziwianie mojego piękna oraz zrozumienie, że bardziej niż zwykła planeta jestem największym żywym organizmem w układzie słonecznym: planeta Gaia, jak nazywają mnie niektórzy naukowcy, na pamiątkę greckiej bogini, matki Ziemi i ludzi. Ty, skromnie, nazywasz się Gaya Sotomayor. Więc jesteśmy prawie imiennikami.

I oboje dajemy życie.

Ga-i-a," powiedziałby Juan do Gaya, z dokładną intonacją. Gaya uśmiechnęła się i wyglądała, jakby unosiła się na anielskim morzu. Jednym palcem poczuł krawędź nosa, ugryzł brodawkę na wardze i wzdychał, odprężony. Pomarszczone palce jej dłoni zaczęły bawić się frędzlami na wełnianym kocu, jakby mijały paciorki różańca; bo Gaya naprawdę wierzyła w tym momencie, gdy Ziemia mówiła do niej, że mijała paciorki różańca. Oddychał spokojnie i nie był to koszmar, którego doświadczył, ale sen, poza zasięgiem własnego języka, języka jak jego dzieci, które zgromadzone przy wielkim stole w jadalni z okazji specjalnej randki, zaczęły dyskutować o nauce.

Słuchajcie", kontynuował Gaya, "swoją nauką i techniką, ludzie przeniknęli do serca materii i uwolnili zawartą w niej straszliwą energię jądrową; rozszyfrowali klucze do życia i mapę genetyczną; i po raz pierwszy mają w swoich rękach moc kontrolowania i określania przebiegu ewolucji, która do dziś zawsze pozostawała w ich wolnej woli. I to również jest ewolucja, Gaya: kontrolowanie ewolucji.

Ale człowiek nie jest jeszcze w pełni świadomy, że jestem jego domem, miejscem, gdzie znajduje się wszystko, co ma dla niego sens: historia, muzyka, sztuka, poezja, nauka, śmiech, łzy, miłość, zabawa, życie i śmierć. Pamięć i zapomnienie.

Jestem również przerażającą planetą w pełnej aktywności; wszystko w moim ciele ciągle się porusza i trzęsie, nic nie pozostaje we mnie statyczne, a kiedy moje siły telluryczne się trzęsą, człowiek naukowy, teolog i filozof drżą. Wystarczy, że moje płyty tektoniczne zderzą się ze sobą, tak że kopuły majestatycznych katedr zapadną się jak skorupki jajek zaciśnięte w pięści ręki, a imponujące budowle z żelaza i cementu opadną.

Gorączkowa aktywność porusza się we mnie i stopiona skała wznosi się i pęka z furią przez szczęki wulkanów, które uruchamiają języki ognia jak smoki; gazy, które odnawiają moją atmosferę i popioły, które zapładniają moją ziemię. Lawa tworzy rozgrzane do czerwoności strumienie, które palą się, gdy tylko na nie trafią, a po ochłodzeniu służą jako materiał budowlany dla mężczyzn.

Moje ulewne ulewy i apokaliptyczne gradobicia niszczą za jednym zamachem liść, kwiat i owoc uprawy; ale ostrożna uprawa, cierpliwa i wytrwała, kiełkuje i kwitnie bez względu na to, jak długo to trwa.

Kuliste krople mojego deszczu padają, jak kamienie, na ciało i głowę moich małych stworzeń, ale są one życiem dla człowieka i dla nich.

Czasami wydaje mi się, że gniewam się bez powodu, jak ty z Cleo, kiedy ona brudzi pokój i zostawia rozproszone pantofle.

Gaya uśmiechnął się.

Ziemia zakryła swoją głowę rękami, które Gaya sobie wyobrażała, i umieściła je otwarte i ciasno tam, gdzie powinny iść duże uszy, również wyobrażone przez nią. To był grymas i częsty gest Jana, który staruszka bardzo lubiła.

Ale ja jestem jak wiele matek. Udało mi się stworzyć i utrzymać niezmienione warunki do życia stworzeń, które mnie zamieszkują. Przez półtora miliarda lat utrzymywałem stałą ilość tlenu w powietrzu, na poziomie 21 litrów na każdą setkę powietrza, wartość, która gdybym pozwolił, aby wzrosła do zaledwie dwudziestu czterech litrów na każdą setkę, żarłoczny ogień zredukowałby już moją roślinność do popiołu, a mniejsza jego ilość w mojej atmosferze byłaby niewystarczająca do przeżycia owadów latających, ptaków i starszych zwierząt, takich jak słonie.

I bez tarczy ozonowej, którą zrobiłem z tlenu i światła słonecznego, kruche cząsteczki DNA, będące podstawą wszelkiego życia, umarłyby od promieniowania słonecznego, a życie zniknęłoby z mojej biosfery.

I gdybym nie kontrolował zasolenia moich mórz przy obecnej wartości trzech z czterema gramami soli na każde sto gramów wody morskiej, życie we mnie ewoluowałoby zupełnie inaczej; a gdybym pozwolił na jego wzrost, dwuwarstwowe komórki rozpadłyby się i życie zniknęłoby.

Ziemia spojrzała na Gaya z miłosiernym wzrokiem, który oferował współczucie.

Gaya, śpiąca, otworzyła oczy i zamknęła je ponownie.

Jestem poetką, jestem klejnotem układu słonecznego - Gaya upuściła głowę na poduszkę, uśmiechnęła się ponownie, a jej usta nadal żuły wyobrażony przedmiot; okryłam się pięknem i majestatem; wszystko w mojej naturze jest stworzone z piękna i doskonałości.

Oto Gaya, solidne walencjańskie drzewo pomarańczowe, które owocuje na dziedzińcu, podziwiaj perfumowaną doskonałość fleur-de-lis w swoim ogrodzie; zauważ polichromię delikatnego motyla *cyprysa morfo,* który trzepocze wśród sznurka ubraniowego podczas snu; waż w swoich rękach lekkość ptaka w naturalnej wolierze w przednim ogrodzie; raduj się pięknem swojego mężczyzny, i swoim własnym ciałem, pięknej staruszki.

Gaya uśmiechnęła się spokojnie; jaki piękny komplement rzuciła na nią Ziemia; jak piękne, pełne i integralne było jej życie.

Pracuję dla wszystkich moich stworzeń i witam je wszystkie. Na moim dużym podwórku jest śmiech i płacz, hałas imprezy i cisza przed śmiercią, pieśń ptaka i wycie bestii, smród padliny i perfumy róży, twardość diamentu i miękkość mchu, ciąża słonia i lekkość ptaka.

Przy moim stole służę w równym stopniu głodnym i zadowolonym, świętym i morderczym, sprytnym i niezdarnym, szczęśliwym i nieszczęśliwym; lecz oni odbierają sobie nawzajem moje owoce i pozbawiają się nawzajem.

Dla mnie wszystkie moje stworzenia są takie same: proste organizmy, które walczą o przetrwanie i rozmnażanie i dla których muszę utrzymać niezmienione warunki sprzyjające życiu. Dla każdego z gatunków osobniki są po prostu sposobem rozprzestrzeniania się dziedziczenia genetycznego: kura jest sposobem na wytworzenie przez jajo większej ilości DNA, a ludzie są jedynie wymiennikami ludzkiego genomu.

Bezwzględne gatunki mężczyzn i kobiet, które wyrządzają mi najbardziej nieodwracalne szkody, jakie jakikolwiek gatunek może wyrządzić, zwróćcie uwagę na ten psalm samouwielbienia, który może wzbudzić wasz podziw i miłość do mnie, do tej wspaniałej żywej planety: tętniącej życiem Ziemi, kołyski, domu i grobu, który powinien być każdego z was:

Ja siedzę na fundamencie słońca, a mój księżyc na moim. Para wodna otacza mnie jak płaszcz, a chmury służą jako jego rydwan, a wiatry są jego posłańcami. Zasłoniłem się płaszczem moich oceanów i narysowałem dla nich granicę, która nie przekroczy ich wód i nie zanurzy ponownie mojej ziemi. Z chmur tworzę źródła i ze źródeł tworzę rzeki; z rzek tworzę morza; z mórz tworzę życie i znowu chmury, tak aby cykl trwał dalej na całej planecie. Źródła płyną między górami, a bestie i zwierzęta polne piją z nich; obok nich rosną drzewa, a w nich gniazdują ptaki, a wśród ich gałęzi słychać ich śpiew i świergotanie ich piskląt. Moje błękitne niebo rozpostarło się jak namiot, który chroni wszystkich. Z mojego mieszkania podlewam góry, a twój dom jest nasycony moimi płodnymi działaniami. Ja przynoszę trawę dla bydła, a człowiek przynosi pszenicę z pól i wino, które cieszy jego serce, olej i jedzenie, które daje mu siłę do jego pracy. Z mojego błękitnego nieba drzewa świętego słońca są w ciąży z sokiem, kwiatami i słodkimi owocami. I ustawić ciemność i noc przychodzi; dzikie bestie lasu kołysać się i the młode ryczeć dla the zdobycz, żądać ich jedzenie. Kiedy słońce znów wschodzi, oni odchodzą na emeryturę i kładą się spać w swoich zagajnikach, podczas gdy mężczyźni z pola opuszczają swoje łóżka i wychodzą do pracy i na farmę, a mieszkańcy prowadzą swoje interesy w mieście; aż do wieczora, kiedy przygotowuję się do wykonania kolejnego zwrotu, wokół siebie. Bo moja rzecz zawsze się kręci. Szerokie morze jest brukowane przez statki i gotuje się w nim ogromna liczba dużych i małych zwierząt, wielorybów, rekinów i delfinów. Wszyscy czekają, aż ich jedzenie zostanie dostarczone na czas, ja im je daję, a oni je łapią i szybko pożerają. Poruszam rękami, a moje stwory są pełne dobrych rzeczy. Ja usuwam z nich tlen, a one wygasają, jak tylko ty, Gaya Maria Sotomayor, wygasasz, a ty wrócisz jako moje stworzenia do gwiezdnego pyłu, skąd przybyłeś. Posłuchaj mnie, kobieto, powiedz swoim ludziom: uwielbiaj moją pracę na zawsze. Cieszcie się moją naturą i moimi stworzeniami, wszystkimi pięknymi i doskonałymi. Pobłogosławcie planetę Ziemię. Chwalmy Matkę Ziemię, tę z nieskończonym łonem. Nie niszcz mnie. Nie niszczcie mnie!

Evohé! Evohé! Idź, Gaya, cofnij swoje kroki swoimi krokami, bo dom jest duży, a kwiaty drzewa, w którym chcesz się odrodzić, czekają na Ciebie z otwartymi płatkami. Obudź się..., dziewczyno..., dziewczyno..., soto..., soto...

2. Mama Gaya. Wspomnienia

O ósmej rano, a ja ledwo się budzę. Jaki miałem dziwny sen, z powodu szaleństwa Juana. Zawsze mu mówię, że skończy jako szalony, tak jak mąż Maruji Gutierrez, Toño Albornoz z warsztatem elektrycznym. Wielka głowa jak Ziemia nazywała mnie po imieniu. Ziemia, jak to było, owinięta w biały welon z włosami? Była kobietą długowłosą, i kręciła się jak kolorowa spinning top, jak tancerka w ciemności. Dziwne, że powtórzył mi wczoraj w jadalni tę samą piosenkę. Dom wydawał się być w wrzawą, zawsze tak jest w dzień świecy. Nie wiem, dlaczego zaczęli mówić o Ziemi; opowiedziała mi o jej pięknie i zbeształowała mnie za zniszczenie, które jej przyniosła. Jak John, który cały czas obwinia mnie za to, że marnuję wodę wężem. Ziemia skarżyła się na dumę i arogancję ludzi, na to, że wierzą, iż są jej panami. Ale nigdy nie myślałem, że coś posiadam, byłem tak stary, że chciałem posiadać rzeczy. Ziemia zarzuciła mi marnowanie wody, które ta biedna staruszka robi w ogrodzie, i wyrecytowała mi bardzo piękny psalm. Poprosił mnie, żebym ją pochwalił. Ja pochwalił Ziemię! A w tych, wchodzących przez okno, obudziło mnie to słońce, które nie pozwala mi spać. Czy to możliwe, że Juan się nawróci? To byłaby największa radość, jaką mógłby mi dać. Gdzie jest Cleo? Nadal mam ucho nietoperza. Słyszę to tam na dole. Moja dusza jest pełna radości, a kurz tańczy w rozświetlonym powietrzu, świętując ten szlachetny dzień. Boże Narodzenie, jaki to przywilej obudzić się do nowego dnia i przeciągnąć te kości. Dziękuję Ci Panie za ten dzień, za to ciepłe łóżko, za ten dom, za to zdrowie guaiacal, które pozwala mi wstać bez bólu, kiedy tak wielu ludzi obudziło się chorych w szpitalu. Dziękuję za to powietrze, którym nadal oddycham z siłą.

Dzięki za wodę i to światło wpadające przez okno. Dziękuję za Cleo, za Juana, za moje dzieci, za moje wnuki, jeśli je wymienię, jestem spóźniona. Myślę o nich wszystkich. Dziękuję za jedzenie. Dziękuję za otrzymane korzyści, gdy tak wielu ludziom brakuje wszystkiego. Rozdajesz swoje dary zgodnie z Twoją wolą, a do tej rodziny błogosławionej przez Twoje miłosierdzie dałeś je w obfitości i z hojnością. Dla tych, którzy w ciebie wierzą, dostajesz chleb podczas snu.

Gaya, zamykając oczy, zaczęła się modlić, a jej usta zaczęły przeżuwać, jakby coś przeżuwała, tak jak we śnie: W imię Ojca, Syna i Ducha Świętego, amen... Poprzedniej nocy oczywiście zasnęła odmawiając różaniec. Był tam, między kocem a klatką piersiową, a on nie zauważył. Byłem jego wielkim partnerem. Gdy dwoje się zestarzeli, zbliżyli się do siebie. Jego ręka obmacywała go, znalazł go, zaczął zdawać relacje i czuł się spokojny, w dobrym zdrowiu, w pokoju z Bogiem. Prawie mogłem go dotknąć. Kilka razy, nawet przy ołtarzu w sypialni, myślał, że słyszy głos Boga. "To jest jak Dziewica", wyjaśnił Cleo.

-Ach, wtedy też to słyszałam, odpowiedział jej mąż.

Leniłem się przez te wszystkie lata. Kiedyś otwierałam oczy i wstawałam, ale co to za dzień, żadnych chłopców do szkoły, żadnego męża, a ja mogę zostać w łóżku i myśleć, co chcę. Cleo wstała wcześnie, żeby zrobić pierwszy test do testów. Jest ich trzech, a w poniedziałek musisz zabrać ich do kliniki. Łóżko bez niego wygląda na puste. Jak piękny jest ten kręcony kminek, który zrobił Don Dédalo. Był rzemieślnikiem, powiedział, że łóżka, które zrobił, mogły wytrzymać trzęsienia ziemi z miłości, nie rozpadając się, i to była prawda. I że oni też zakopali właścicieli, i tak będzie. Pewnego dnia będę musiał w nim umrzeć. Nie Cleo, Cleo umrze na stojąco, uważaj, a ona umrze na stojąco. To łóżko nie drgnęło. Wciąż na mnie leci, żeby mnie pokochać. To głupie. Czy Don Daedalus już nie żyje? Adelfa był tym, który powiedział mi, że jego żona już zmarła na wylew. Co za ironia, rzeczy trwają dłużej niż ci, którzy je robią, właściciele rzeczy odchodzą, a oni nawet o tym nie wiedzą. Jak głupio trzymać się starych rzeczy. Wkurzasz się, *Gaya, i wkurzasz się. Whoa*, whoa, whoa, co? Jak sądzę, ten mój mózg wariuje od kilku dni. Bez tego, czego nie mogłem przeżyć. To moje drugie ręce, moje drugie stopy, moje drugie oczy, moje drugie uszy. Są one częścią mojego życia, moich uczuć, moich wspomnień. Rzeczy są kawałkami ciebie, każda umieszczona w miejscu w domu, a w każdej rzeczy jest część mojej historii. Zobacz młynek, kupiłem go w Santa Barbara i jeszcze tam wczoraj pobiłem czekoladę Cleo. A kolczyk to wazon. I chleb serowy, który kiedyś wyrabiałam i piekłam. Nie zrobiłem ich ponownie, ale wczorajsze frytki były bardzo dobre. Co bym zrobił bez pralki, bez lodówki? Jak powstrzymałbym moje mięso przed gniciem, moje ryby, moje owoce? Nie mówię też o telewizorze, jeden klęczący w sypialni odbierający błogosławieństwo swojej świętości z Rzymu. Kiedy wyszłam za mąż za Cleo, nie było telewizora i wcześnie poszliśmy spać. Żeby zrobić dzieci do nieba, prawda? Każde dziecko przyniosło swoją własną arepę pod pachą, a Bóg zapewniłby mu ją", powiedziała Mama Lola. I z tym przekonaniem, bez telewizora, Cleo i ja naprawdę nie myśleliśmy o trudnościach z zapewnieniem jedzenia i edukacji dla naszych dzieci, kiedy wzięliśmy ślub. To wszystko sprawia, że jestem szczęśliwy, ułatwia mi życie. Czasy się zmieniają, na lepsze i na gorsze, kiedy Daniel wyjechał do Paryża, wiedziałam, że długo go już nie zobaczę i że będę bez wieści od niego: Nie wyjdę z domu, dopóki nie przyjedzie twój list, powiedziałam mu, i każdego ranka zatrzymywałam się, żeby popatrzeć na chodnik i zobaczyć listonosza, który przyszedł na blok z wyblakłym skórzanym futerałem zwisającym z baru rowerowego i kontynuował. Ten, kto czeka na rozpacz, powiedział Mama Lola.

Ale nie znudziło mi się czekanie. W końcu pewnego dnia chłopak zatrzymał się przy wejściu do domu i wręczył mi kopertę. Czasy się zmieniają, a Daniel będzie miał teraz 60 lat. W środę, kiedy Natalí wyjechał, powiedziała do mnie: Uspokój się, babciu, dziś wieczorem rozmawialiśmy przez Internet, jakby podróż była tylko na miejscu. A wieczorem zobaczyliśmy Natalí w Stanach Zjednoczonych na komputerze, w utworze Juana, Cleo i mnie. Juan nie lubi jak wchodzę do jego pokoju, ale muszę wejść. Rozmawialiśmy z Natalí przez około godzinę, Juan wysłał jej przepis na moją fasolę. John napisał do niej, że nigdy nie miałam palców do tego pisania. Dzisiaj znów zadzwonię do Natalí, umieszczę ją w internecie. Natalí rozmawiała więcej z matką Martą Łucją przez cały ten tydzień, kiedy jej nie ma, niż kiedy tu była. Były dni, kiedy nic się nie działo, bo jeden pracował, a drugi był w college'u, i dumny jak koguty, że oboje są. Masz błogosławiony charakter. Teraz, kiedy wejdę do pokoju, powiem Juanowi, żeby wszedł do komputera. Juan kupi nam jeden, ale to kłamstwo, marzę, Cleo i ja jesteśmy już bardzo starzy. *Wkurzasz się, Gaya, i wkurzasz się.* Hej, czy ja teraz umrę? A ja jestem w łóżku, ale nic mnie nie zmusza. Łóżko jest wygodne, a tajemnice, które zachowuje, zrobiłem je wszystkie tutaj: do Danielita, który ma pięćdziesiąt dziewięć lat i jest inżynierem, do Marka Aureliusza, który ma pięćdziesiąt siedem lat i jest prawnikiem, do Jezusa, który ma pięćdziesiąt pięć lat i jest inżynierem też, do Józefa, który ma pięćdziesiąt trzy lata i jest profesorem, a kiedy wszyscy wydawało się, że wychodzą jako mężczyźni, przyszła damska koszulka: Beatriz del Socorro, która ma pięćdziesiąt dwa lata i jest psychologiem, Angela María, która ma pięćdziesiąt lat i jest prawniczką, Marta Lucía, która ma czterdzieści siedem lat i jest ekonomistką, Magdalena María, która ma czterdzieści pięć lat i jest historyczką, a kiedy myśleliśmy, że ta druga też ma być kobietą, urodził się Rafael, który ma czterdzieści cztery lata i ma dyplom z języków, Miguel, który ma czterdzieści dwa lata i jest architektem, Ismael, który ma czterdzieści jeden lat i był jedynym, który nie studiował i ma intarsję, a ostatnim był Juan, który ma czterdzieści lat i jest chemikiem, ten oszaleje, bo nic, co się żeni. 60 lat spania z Cleo w tym łóżku. Zmieniliśmy wiele materacy, ale to było tylko dla nas dwóch: jeden z osiemdziesięcioma. Cleo kurczy się coraz bardziej z każdym dniem. Z każdym dniem jestem coraz szerszy. Czy będę pasował do trumny? Czy będzie wykonana z kminku kręconego? I spalą jedną z drewnem i wszystkim? Wkurzasz się, *Gaya, i wkurzasz się.*

Ea.

To był ten sam głos ze snu, teraz pochodzący z jej świadomego mózgu, a Gaya się trzęsła.

Wygładził rękę na czole, ściągnął koc na dół do pasa i biegł ręką po brzuchu. Znowu pieścił różaniec i zacisnął go na pięści, mocno i zaczął się modlić. Czuł lekkie zawroty głowy, te, które dostał ostatnio rano. Dlaczego, skoro nie jadł już soli? Myślał o tym, żeby później zadzwonić do Beatriz del Socorro, żeby przyjść i pobrać mu ciśnienie krwi. Kiedy dawałem jej tę mgłę na stojąco, Gaya siadała na pierwszym krześle, które miała pod ręką, na kołyszącym się krześle, na wyhaftowanym krześle różanym w ogrodzie, w jadalni lub w salonie, i zaczynała mamroczeć Ojcze Nasz, gwałtownie poruszając ustami, boleśnie naciskając różaniec między żyłami rąk; a potem zaczynała: Ojcze nasz... i kiedy się modliła, zaczęła czuć się lepiej. To jest sugestia, tak powiedziano.

A Don Dédalo powiedział, że najlepszą rzeczą w podwójnym łóżku powinna być jego wielkość, tak aby w czasie walki para się nie widziała, jedna na brzegu patrząc na Cartagenę, a druga na plecach patrząc na Hiszpanię, i aby było ono mocne i odporne, aby nie wydawało dźwięku podczas poczęcia. Że Don Dedal powiedział kilka niemiłych rzeczy. Cleo, wciąż w nastroju, jakby była młodym mężczyzną, a ja dziewczyną. Prawie nigdy nie miałem na to ochoty, to tylko męskie pragnienie. Jedyne, co mnie interesowało, to dzieci. To łóżko nie mieści się w mieszkaniu, dlatego te stare domy są lepsze, tu w sypialni mieści się barka i okno, krzesło kruche i kufer, jest miejsce na garderobę i skośne lustro i fotel. Widzę ten cały ogromny pokój, kiedy siadam do malowania się na komodzie. A ołtarz Dziewicy, jak długo mamy Wieczystą Pomoc? Ponad pięćdziesiąt lat. Mamusia Lola mi go dała. Cleo umieściło już wazon z kwiatami z drzewa Pastora, świeży jak zwykle każdego ranka. Cleo jest bardzo oddana Dziewicy W niebie będę na niego czekał, gdy umrę. Wszystkie rzeczy w tym domu zamieniały się w lata i jedynymi, którzy naprawdę się zestarzeli i skończyli to Cleo i ja. Ale to łóżko, krzesło, szafka nocna, okno, będzie trwało całe życie. Ta mała szlifierka. Kiedy umrę? A co jeśli Cleo umrze? Wkurzasz się, *Gaya, i wkurzasz się*. Hej, dlaczego obudziłem się z tą winoroślą na głowie? Czy mam dziś kopnąć wiadro? Nie śniło mi się wczoraj o martwych ludziach, prawda? Nie, nie śniło mi się o zmarłych. Marzyłem o Ziemi. Od nocy śnili mi się martwi ludzie, a wszyscy zginęli: Teresita Gómez, Maruja Saldarriaga, Juvenal Pérez. Marzę o martwych ludziach, małżeństwie w domu, to też może być. Który się żeni? Valentina, Adriana, Monica Maria? Który się żeni? Nie Maria Milena, nie Monica Maria, nie Martita Lucia. Pomyliłem je wszystkie. Nie, nie mylę ich. Małżeństwo nie jest drobnostką. Mariela Beatriz źle się bawiła ze swoim mężem, który ożenił się na kilka dni. Cleo i ja jesteśmy małżeństwem na zawsze. I zawarliśmy przymierze. Kto umrze, ten pierwszy przychodzi po tego, kto zostanie. Chcę iść pierwsza, bo nie mogę żyć bez Cleo: ja jestem jej prawą stopą, a

Cleo moją lewą stopą, każda kuleje bez drugiej. Nie jest łatwo mieszkać pod tym samym dachem z nieznajomym. Mówię Beatriz Socorro, żeby miała tolerancję i cierpliwość, dużo abnegacji i dużo miłości, żeby codziennie modliła się do Matki Bożej, żeby pomogła Jej znieść Nicolasa. Co on pije? Cóż, niech pije, wszyscy mężczyźni piją. Cleo miała czas, kiedy dużo brała. Co się stało? Nic, że wszyscy mężczyźni są pijakami. Tego brakuje Marcie Lucia, tolerancji, nie wiem dlaczego Gabriel to znosi. Byłem uległym i uległym. Bardziej głupio, Magdalena mówi mi, a ja jej odpowiadam: Nie, Magdalena, nie głupio: inteligentna, a ona się śmieje, to dziewczyna z charakterem. Cleo i ja jesteśmy dniem i nocą, olejem i wodą, żyjemy szczęśliwie, a w przyszłym roku będziemy świętować wesele, jak to jest? Juan, jeśli jesteś ciekawy, kiedy mieliśmy pięćdziesiąt pięć lat, dał nam listę ślubów, które obchodziliśmy: z papieru, bawełny, skóry, jedwabiu, drewna, wełny, cyny, lnu, szkła, porcelany, srebra, perły, koralu, rubinu, szafiru, złota, i tych z szmaragdu, i że teraz jesteśmy wśród tych z szmaragdu i diamentu, kiedy kończy się siedemdziesiąt pięć lat małżeństwa; to są prawdziwe zaślubiny, życie razem wypełniając obietnicę. Czy dojdziemy do siedemdziesięciu pięciu lat małżeństwa? ja o dziewięćdziesiątce i Cleo o... o dziewięćdziesiątce drugiej. *Wkurzasz się, Gaya, i wkurzasz się.*

Ea.

Splątane myśli z włosów, które dziś mam. Dlaczego nie wstałem, skoro już czas? Która godzina? 8:30, mój Boże. To zawsze jest trudne, a my walczymy o głupoty: Cleo ciężko gra muzykę, a ja ją odrzucam, on sprzątał dom i zostawiał brudny mop, a ja się wściekam, bo on zostawiał brudny, ja ściskałem krzaki maczetą, żeby kiełkowały, a on protestował o każdą maczetę, bo nie miał czasu, żeby je znowu zobaczyć bujne. Krzyknęła mnie wczoraj, kiedy wróciła z zakupu świec, ale wiem, że krzaki zaczną kiełkować dla niego, aby zobaczyć, bo Cleo będzie żyć dłużej niż ja, bo on nawet nie myśli, że przyjdę po niego. Cleo podlewała krzaki ponownie po południu, kiedy poczuła upał i uduszenie, on myśli, że są też gorące i duszące, a ja posłałam mu kantalupę, bo zgnije je, wiedząc, że podlałam je rano. Cleo kapie z muszli klozetowej, kiedy oddaje mocz i dlaczego kapie z niej, po tym jak ją właśnie umyła? Tacy są mężczyźni. Cleo urządza przyjęcie dla mięty, którą daje jej Ephraim. Lubię te cukierki do kawy, które przynosi mi Sebastian. Cleo jest dobrym rozmówcą i rozmawia bez zmęczenia, milczę. Jest zadowolony z dziewczyn, miałem oczy tylko dla niego. Ale w ten sposób i z taką sprzecznością nie jesteśmy już w stanie żyć bez siebie nawzajem. Nasze życie ma sens tylko razem, to nawyk, konieczność. On jest niski, a ja wysoki, on chodzi szybko, ja jestem powolny jak ślimak, nie możemy wychodzić razem, bo mnie zostawia, a kiedy dojdę do "The Success", on już wraca. Cleo jest szorowana, miała swoje problemy z kobietami, ale ja zawsze grałem ślepego i głuchego, aby zachować spokój i zdrowe środowisko. To jest to, co kobieta dostaje: trzymać się. Nie zaprzeczam, byłam kapryśna, kantonalna i poniosła mnie moja opinia, bo kobieta, która nie szoruje, jest bezużyteczna. Byłem wierny Cleo. Moja głowa jest ciężka, być może moje ciśnienie wzrosło, ale jeśli nie będę już jadła soli, zadzwonię teraz do Beatriz Socorro, aby odebrać moje ciśnienie. Najszczęśliwsze dni, jakie kiedykolwiek spędziłem z Cleo w tym łóżku. Jak ja je wszystkie włożyłem? Śniadanie na czternaście, czternaście obiadów, czternaście posiłków, pięćdziesiąt arep kukurydzy dziennie, alady aguapaneli, alady fasoli, alady sancocho, alady ryżu, alady wszystkiego, nawet na arequipe musiałem zrobić aladę i to się już nigdy nie powtórzy, proszę pani. Życie stało się trudniejsze, a jeśli dużo dziś małżeństwa wychowują tylko jedno lub dwoje dzieci. Za moich czasów, kobiety były w domu.

Dzisiaj mąż i żona wyjeżdżają razem, aby pokryć swoje wydatki, a nie ma pieniędzy na ich pokrycie. Nie bylibyśmy w stanie wychować tego sznurka dzieci bez The Paradise. Co osiem dni Don Joaquín wysyłał nam kiść zielonych bananów, kiść yucca, kiść paneli, koszyk mleka, pomarańcze i cotygodniowy ser. Prawie nic nie musieliśmy kupować, mięso było solone, pięćdziesiąt funtów wołowiny, pół świnki, duże trzaski, które zrobiłem z tymi patakonami. Ale to było w dawnych czasach, kiedy można było pracować. Dziś El Paraíso jest opuszczone, z tym partyzantem była ta ziemia stracona w rękach lokaja i nie mogliśmy wrócić. Żyjemy tam dobrze, bo najlepsze życie jest w kraju, tak długo, jak długo można żyć. Że potrzebujesz banana na lunch, idź po niego, że pomarańcza, idź po niego z kija, że mango, idź po niego z drzewa, że potrzebujesz cebuli, idź zerwać go z ogrodu. W mieście, z drugiej strony, trzeba kupić banana, iść i kupić go, pomarańczę, trzeba kupić wszystko, trzeba zapłacić za wszystko, nawet wodę. Raj ma wodę narodzin. Ale jak udało mi się z Cleo i ja, nigdy nie znudziło mi się zastanawiać, udało mi się wszystkich dwunastu z nich uruchomić i utrzymać ich wszystkich w zdrowiu i porządku? Przez wiarę w Boga i w Matkę Boską, która ani na chwilę nas nie opuściła. Nigdy się nie poddałam, jestem dziwką, jak wszyscy mówią, która z nich jest bardziej gładka ze mną, wszystkie lubią swoją staruszkę. Gdybym urodziła się ponownie, miałabym znowu tę samą dwunastkę dzieci. Jestem szczęśliwy, jestem zadowolony, skończyłem. Oddycham dla Cleo, chodzę dla Cleo, wstaję dla Cleo, dla niego żyję, on jest światłem moich oczu. A Juan, ten chłopak, jaki los go czeka? Chodzi o to, że jeśli się nie ożeni, to nigdzie się nie wybiera. Dwanaście dzieci i każde inne, nie ma dwóch takich samych mango z tego samego drzewa. Nie ma dwóch moich ghuli, które lubią to samo, jedna woli gorącą zupę, druga lubi zimną, jedna nie jest ani zbyt gorąca, ani zbyt zimna, jedna lubi bananową zupę, druga nie może jej zobaczyć. I tak, każdy z własnym gustem. Że Daniel jest z Nacional, Jezus z Medellin, Jose z prezydentem, Juan przeciwko prezydentowi. A oni wszyscy ssali z tej piersi i dorastali razem w tym samym środowisku, z tym samym kurczakiem. Ale Cleo i ja nie moglibyśmy wykształcić ich wszystkich bez uniwersytetu, nie wiem, co by się z nimi stało bez publicznej uczelni. Czasami, gdy spali, patrzyłam na nich, z pokoju do pokoju i z łóżka do łóżka, i myślałam: Jeśli będę musiała oddać jedno z nich, aby uratować pozostałe, jak w tej historii, które z nich mam sprzedać? Daniel? John? Beatrice? Rafael? Ismael? Nie, żaden z nich. Kocham ich wszystkich jednakowo, i zasmuciła mnie myśl, że ten dylemat może mi się przytrafić. Danielito, Marcus Aurelius, Jezus i Józef urodzili się w tym łóżku w Santa Barbara. Z Danielito, pani Nina mi pomogła, była położną. Pozostali urodzili się w łóżku opieki społecznej. Co Cleo i ja zrobilibyśmy bez ubezpieczenia społecznego. Cleo wybrała męskie imię, a ja nazwałam kobiety po świętych i dziewicach. Cleo lubił imiona apostołów, świętych i proroków. John, założę się, że on jeszcze śpi, wziął swoje małe drinki zeszłej nocy, Jezus był już w ogniu, i Izmaela, że jeden musisz być ostrożny z bo on staje się bardzo ciężki z tych napojów. Dwanaście nazwisk, osiem zostało nadanych przez Cleo, a cztery przeze mnie. Dwunastu Apostołów, Cleo, mówi im, kiedy widzi ich wszystkich razem w jadalni w Dniu Matki. To samo powiedział im wczoraj, zanim poszli zapalić świece, kiedy zaczęli opowiadać te wszystkie bzdury o umieraniu Ziemi. Jak brudna musiała być ulica ze spermą. Lepiej dla Cleo, która lubi skrobać nożem czyszczącym. Kobieta, dlaczego nie może mieć tuzina dzieci, wszystkie one są na zdjęciu. To obrazek, który najbardziej mi się podoba, dwanaście dzieci i młodzieży razem w ogrodzie zapalają świece.

Jakiego handlu nie nauczyłem się w tych czterech ścianach. John ma rację mówiąc, że nam, kobietom, należy płacić za pobyt w domu i pracę. Czego nie zrobiłam? Zmotywowałam chłopców i dziewczynki, dałam im zastrzyki, uszyłam i zrobiłam męskie koszule i spodnie oraz damskie sukienki, przygotowałam leki na choroby. Nadal mam nazwisko uzdrowiciela i jestem konsultowany w tej sprawie. Doña María (nikt na ulicy nigdy nie nauczył się nazywać mnie Gaya, a moje dzieci mówią, że Gaya to bardzo piękne imię i podoba mi się ono), co mam zrobić z moją córką z biegunką? żeby pić tostową wodę ryżową. Jeśli Alfonsina wymiotowała, daj jej wlew rumianku w wodzie z cytryną. Żeby gorączka nie schodziła na Martę, nałożył na nią ściereczki z gorącą wodą z likierem lub alkoholem. Kaszel trzymał Jezusa na nogach, napełniał mandarynkową skórkę gotowaną w wodzie i wdychał gorący mentol i Vick Vaporub. Że cios w mięsień nie wiem, która kurwa gra, gorącej wody ściereczki z siarczanem magnezu. Że Virgelina Villegas nie mogła znieść bólu stóp, włożyła mija do gorącej wody z solą. Ta stopa Ines została spalona, gips z maczugowanej gałęzi lub cebuli jaja nie pozwolił jej pęcznieć. Którego nie przykryłem gipsem z mąki pszennej, z gorącym miodem pszczelim, aby ropień został załadowany ropą i pęknął. Aby ulżyć kolce Angeli Marii, najlepszą rzeczą zawsze była woda cynamonowa. W niedzielę właśnie wyciągnąłem z Julio Garcés'a robaka, którego mama Lola nauczyła mnie wyciągać, i naprawiłem go: z rozżarzonym tytoniem między ustami, wydmuchując dym z drugiego końca, wewnątrz dziury, którą robak zostawił, gdy wchodził, zobaczyłem go uduszonego w poszukiwaniu wyjścia, i pokazałem Donowi Julio. Nigdy nie lubiłem tytoniu, ale jeśli o to chodzi... Mógłbym też postawić przy wejściu kawałek surowego boczku: jest on pokryty taśmą, a następnego dnia robak wychodzi na jedzenie i wbija się w boczek. Kiedy zatkane nerki Lygii nie pozwalały jej oddawać moczu, leczyłem ją malwą w wodzie, którą dla niej zrobiłem. Aby wzmocnić włosy i zatrzymać wypadanie włosów Daniela, nadal robię mu mieszankę szklanego rumu, jajko z żółtkiem i wszystko i łyżkę krowiego oleju z nóg. Rocío masuje go i zostawia lepkie rzeczy na pół godziny, nadal uważam, że Daniel nie myje go dobrze szamponem, aby pozbyć się zapachu jaj. Kiedy Rafael został odurzony, gorąca woda z białkiem bita przy pierwszym łyknięciu przyniosła wszystko. Położyłem Magdalenę, która dusiła się na mojej rybiej ości, jak słoik, do góry nogami, i uderzyłem ją ręką, w kształcie miseczki na jej plecach, na wysokości łopatek, i uratowałem ją. Czego nie powie ta starsza pani, jeśli nadal będę łagodził ciężkość żołądka miską z ciepłą wodą z cytryną. Ile razy, żeby usunąć plamy z ubrań, nie używałem lakieru do włosów i nie gotowałem ich z mlekiem i cytryną... Dwóch inżynierów, dwóch prawników, nauczyciel, psycholog, ekonomista, historyk, absolwent języka, architekt, rzemieślnik i chemik. Jedyne czego nie mieliśmy, to lekarz. Dona Maria, co ja mam zrobić z...

Nie mówię ci, zobacz, że na stojaku są skarpetki Cleo. Złamane skarpetki naciągałem na nie roztopioną żarówkę i nawlekałem cienką igłą, aż do momentu, gdy złamana została wypełniona. Nauczyłem się wszystkiego, musiałem tylko zdziałać cuda. Czyż nie mieszkam przy Johnie? Kto włącza pralkę, ja? Kto robi pranie, ja? Kto gotuje, ja? Nie potrzebuję dziewczyny z obsługi. Zatrzymuję wszystkie domowe lekarstwa z prasy i zapisuję te z radia, umiera się i traci się całą tę mądrość, która pomogła mi wyjść z kłopotów. Juan ma je zapisane w książce, którą pisze o moim życiu. Jak daleko posunie się samotność tego chłopca, która zabiera tyle mojego czasu mimo wszystko, co musi zrobić? Wszyscy odziedziczyli po mnie kuchnię, ale ta najważniejsza, Angela María, że wiedza nie przepadnie, gdy umrę, ponieważ przekaże ją Catalinie i Natalii. Życie jest jak marzenie. Nie wierzę w to: Czterdzieści lat w tym domu, a sześćdziesiąt lat prałem ubrania, podwajałem, prasowałem, przechowywałem, hodowałem, myłem, myłem, podlewałem krzewy, gotowałem, myłem śmieci, myłem łazienki, myłem patio, myłem szyby, okna, ściany, mercedes, odbierałem telefon, gotowałem, układałem ubrania, które jedno zostawiało drugiemu, i wrócić i umyć ubrania, podwójne, prasować, odłożyć, bar, mop, łóżka namiotowe, kurz, krzewy wodne, gotować, umyć śmieci, umyć łazienki, umyć patio, umyć szyby, okna, ściany, Merque, odebrać telefon, ugotować, jeśli znam tę historię na pamięć. Sześćdziesiąt lat bez przerwy. Kuchnia i dom są niewdzięczne, jeden nigdy nie kończy pracy, nawet jeśli jeden wstaje pierwszy i idzie do łóżka ostatni, ostatni, aby wyłączyć żarówkę to ja, jeden jest gorszy niż niewolnik i działa bardziej niż ktokolwiek inny. John mówi, że Cleo powinna mi płacić, a Cleo się śmieje, ale ja nie mówię Johnowi, żeby mi płacił. Jak tylko kuchnia będzie czysta, znów będzie pełna brudnych rzeczy. Cleo, czy nie spędziłaś całego życia pracując na złomowisku? Sobota, niedziela, do późna w nocy. Bóg pobłogosławił go czarnym zdrowiem, nigdy nie był chory na nic, jeśli dużo grypy i że od czasu do czasu, nigdy nie miał bólu zębów i jego zęby są naturalne. Nikt nie wierzy, ile ma lat. On jest utrzymywany przy życiu przez muzykę, ona jest terapią dla jego smutków, on słucha muzyki i traci poczucie czasu, nie może tolerować rozmowy i nie zwraca uwagi na teksty podczas słuchania muzyki. Jeśli muzyka nie jest słuchana uważnie, to staje się hałasem, mówi. Życie smakuje tym, na co się rzuca: jeśli smutek smakuje smutkiem, jeśli radość smakuje radością, życie nie jest problemem do rozwiązania, ale darem do podziękowania. Cleo jest bardzo żywotna, cieszy się każdą chwilą intensywnie. Wczoraj nie ma, jutro jeszcze nie przyszedł, żyjmy teraźniejszością, mówi słusznie. Prowadzi zdrowy tryb życia, nie pali, je w odpowiednim czasie, nie ma tłuszczu, trochę słodyczy. Kiedyś pił swoje aguardienticos, ale nie teraz, kiedy jest stary, pije tylko piwo z Juanem, w soboty, a ja przygotowuję sancocho. Cleo jest romantyczna, każda piosenka, którą słyszy, przywołuje wspomnienia. On śpiewa je z nostalgią, a ja zaczynam je śpiewać, bo nie lubię smutnych wspomnień. Po co wracać do przeszłości, mówię ci. A on odpowiada, że pamiętać to żyć, i dlaczego pojawiam się zimny przed wspomnieniami? Mówi mi, że sól pali się tam, gdzie jest zabijanie. Wstaje o szóstej, bierze kąpiel, przygotowuje się jak na przyjęcie i wychodzi na mszę św. Wraca na śniadanie i idzie do "The Success", żeby kupić resztę lunchu. Mop i zamiataj, mimo że już zmiotłem i zmiatałem. On nigdy nie stoi w miejscu przez minutę. Po południu wychodzi, żeby dać mu szansę. Prawie nigdy nie wygrywa, prawie zawsze jest blisko: gramy jeden, upadamy dwa, stawiamy osiem, wychodzimy dziewięć. Kiedy wygra, jest szczęśliwy jako dziecko, tego dnia, tego tygodnia i tego miesiąca, dopóki nie złapie go ponownie, straci go i prawie. Ta Cleo. Nie narzekam na nic. Ulżyło mi pomimo tych kości. Kiedy ma się tyle dzieci, o które trzeba walczyć, nie można sobie pozwolić na chorobę i umieranie z bólu; ja się opieram. Żeby zobaczyć mnie w łóżku, potrzebna jest poważna choroba, jestem chwastem, nie umieram łatwo, umrę kiedy chcę, a nie kiedy śmierć chce. Nie chcę jeszcze umrzeć. Życie jest piękne, każde z moich dzieci jest pięknym cierpieniem. Cieszę się, że wąż w ręku wylewa wodę po całym domu, wodę na podwórkach, wodę w krzakach, wodę w ścianach, wodę z przodu domu, wodę na chodniku, wodę w łazienkach, wodę we wszystkim, co przychodzi mi do głowy, nie wiem co jeszcze wlać wody. Cleo rozzłościła się, błagała i zrzędziła ze mną cały wczorajszy dzień, bo zalałem cały dom, aż musiała wcześnie wyjść, żeby kupić świece z Sukcesu. Dla mnie woda jest obsesją, sprawia, że jestem szczęśliwy. Woda jest dziełem Boga i kto w Niego nie wierzy, niech wierzy w wodę: woda jest życiem, woda jest Bogiem, to jest coś, co Cleo powinien zrozumieć. Powiem mu teraz, że moje marzenie o Ziemi powróciło. Ale co mi powie, jeśli wyrzuci też wodę, która uczyni go zazdrosnym?

Pobraliśmy się o szóstej rano, w maju, i zrobiliśmy to wcześnie, żeby nikt w mieście nas nie widział, ale nie w ukryciu. I od tego czasu wypełniliśmy to, co sobie przysięgaliśmy: miłość do życia. Wtedy właśnie mieszkaliśmy na obrzeżach Santa Barbara i codziennie widzieliśmy się z daleka od nosa do nosa. Chłopcy nosili wtedy tylko długie spodnie, kiedy skończyli osiemnaście lat. Cleo wydłużył je w wieku siedemnastu lat, aby być mężczyzną, i poślubił w długich spodniach. Skończyłam już piętnaście lat i wyszłam za mąż za sukienkę perkalu, z którą świętowałam. Cleo była podchmielona od najmłodszych lat. Nie chodził na nieszpory, tylko słuchał muzyki z krótko przed przyjazdem do mojego domu, a ze wzgórza zobaczył otwartą salę i zobaczył mnie tańczącego z Klarą i Carmen, moimi kuzynami. Nie pojawił się całą noc, a moi kuzyni powiedzieli mi, że zamierza wyjechać i zostawić mnie stojącego pod drzwiami kościoła, który ma zostać odebrany przez Martina. Martin był moim kochankiem, którego zostawiłam po tym jak Cleo napisała mi fałszywy list, w którym Martin kazał mi zerwać. Cleo zabrała ją do mnie i powiedziała mi, żebym nie był smutny, bo Martin naprawdę nie mówił o mnie poważnie. Ale żeby się nie martwić, powiedział mi, że nadal może chodzić do domu i zabawiać mnie każdego dnia, a od sześćdziesięciu lat zabawia mnie i sprawia, że się zakochuję. Martín zmarł bardzo młodo, zostawiając Clarę Contreras jako wdowę w Santa Bárbara. Naprawdę nie chciałam Martina, tylko Cleo. Zamieszkaliśmy z matką Cleo, panią Tata. Cleo była najstarszą z sześciorga dzieci, a jej ojciec, Nicolas Sotomayor, był pijakiem i nieodpowiedzialny. Byłam jego chudą małą siostrzyczką. W tamtych czasach, Don

Joaquín, dziadek Cleo, założył sklep w Santa Bárbara, a my zamieszkaliśmy w wiosce. Tam zaczęliśmy nasze własne życie i mieliśmy Danielito. Wtedy to był Raj.

I zobaczyć to, co pozostało z tej żywej dziewczyny o błyszczących oczach, smukłych, zgrabnych nogach, gładkich i czarnych włosach: białą chmurę na głowie, masę żył na nogach, spojrzenie z blaskiem, który nie wystarczy, by przyćmić tę rzeczywistość starości. I zobaczyć, co zostało z Cleo, kelner dziąsłowy z długimi majtkami, który nie jest jeszcze wystarczająco stary: stary człowiek, prawie całkowicie łysy, skurczył się, ale w żelaznym zdrowiu, bo nie cierpi nawet jednego zęba. Utrzymuję bujną twarz, dzięki kremowi C i wodzie, która pozostaje po umyciu ryżu. Nie marnuję wody ryżowej, a ja myję nią twarz. Kiedy masz te dzieci, które miałem, nic nie może się zmarnować. Musisz wiedzieć, co wyrzucić, a co zatrzymać, i nadal używać tego, co jeszcze daje za więcej. Nawet jeśli mają pieniądze, kobiety nie chcą dziś mieć prawie żadnych dzieci. Co najwyżej mają jednego lub dwóch i nie chcą więcej. Moje dzieci dały mi dwadzieścia dwa wnuki, nawet nie dwa. Wnuki wypełniają moje życie. Musisz zobaczyć jak Cleo biega z Ephraimem, Andresito, Juanem Camilo i Sebastianem, w tym niedzielnym zamieszaniu. A ja za drzwiami, bawiąc się z nimi w chowanego, jak wtedy, gdy byłem dzieckiem. Valentina nie dbała o swoją dietę, a tydzień po urodzeniu syna chodziła już znowu na obcasach, bo te pięty są szkodliwe; późno w nocy, ssąc deszcz; przeziębienie, ból głowy przyłapany na diecie nigdy nie jest wyleczony. Podczas narodzin Johna byłam jeszcze w łóżku przez czterdzieści dni, jadłam kurczaka rano, w południe i w nocy, zamknięta w pokoju, aby nie wiał zły wiatr. Tego ostatniego dnia i tylko po to, żeby wstać, przygotowałam poncz z wrzącej wody z liśćmi rue, bazylią, miętą, melisą, makiem, wytrwałością, wstałam boso i bez bielizny, stanęłam z otwartymi nogami i otrzymałam tę parę, żeby złe nastroje wyszły z mojego łona, a potem wypiłam filiżankę wrzącej gorzkiej czekolady z frytkami cynamonowymi, żeby nastroje wyszły z siebie. Po urodzeniu Johna, Cleo nadal chciała mieć kolejne dziecko, a ja nie poszłam za jej przykładem. I zestarzałem się, z oddechem, by wychować wnuki. W moich czasach chłopcy byli bardziej posłuszni i mniej wymagający, szanowali swoich rodziców, ponieważ kazaliśmy im szanować nas, karaliśmy ich z dużą powściągliwością, kiedy musieliśmy ich karać. Ale nie chcesz, żeby twoje wnuki zostały pobite. Nie podoba mi się, że Nicolas zostawia Santiago samego w pokoju patrząc na ścianę i Santiaguito zaczyna bełkotać. To łamie mi serce, ale ja nic nie mówię, bo nie mieszam się w ich sprawy. Ale mówię Beatriz Socorro, żeby nie pozwoliła Nicolásowi tak ukarać Santiaguito. Dwoje Marka Aureliusza jest wyniosłych i buntowniczych, ponieważ nie poprawiono ich jako dzieci. Może się mylisz, ale gdybym znów miała swoje dzieci, wychowałabym je w ten sam sposób; jest na to dowód: wszystkie uczciwe i pracowite. Ja zawsze się ich pilnowałem; Marcus Aurelius natomiast dorastał w rękach dziewczyny z domu, podczas gdy on i Gloria Elena wychodzili do pracy. Ci chłopcy są samotni i dlatego wpadają w imadło. To, że dzieci nie mogą być pozostawione same sobie, mówię Markowi Aureliuszowi, ale Marcus Aureliusz mówi mi, żebym się nie angażowała. I dlaczego nie miałabym się angażować, skoro jestem twoją matką, mówię mu, ale on nie słucha, *jesteś w proch i staniesz się w proch, Gaya*. Ea.

To bzdury o Johnie wczoraj, że kobieta nie potrzebuje mężczyzny nawet do posiadania dzieci, że mogą już je mieć w małych butelkach. Kiedy już to zobaczysz, pożycz jeden brzuszek, a drugi mleko, noś dziecko w środku przez dziewięć miesięcy, a kiedy się urodzi, oddaj je. Powiedziałem Janowi, żeby nie mówił tego przy dzieciach, a Efraimus powiedział tam: "Już to wiemy; dokąd idziemy". Dzisiejsze cuda, tak wiele wynalazku. Mimo że nie jestem studentką, lubię czytać; tak wiele wykształconych dzieci, wszyscy profesjonaliści, włożyli we mnie coś, a telewizja i *El Colombiano*. Kukułka jest na jego dziewiątej, a ja jestem tu i pamiętam, jakbym nie miał nic do roboty. Nie boję się śmierci, nie szukam jej, nie nazywam jej, nie chcę umierać, ale jeśli przyjdzie, przyjmij ją. Śmierć jest sprawą Boga. Jeśli umrę, będzie mi szczególnie przykro z powodu Juana. Dla kobiet i nie tyle dla innych, bo mają dom, męża i dzieci i mają przeznaczenie. Kobiety są silne na ból i smutek. Mężczyźni są bardziej kurczakami, nie znoszą cierpienia, chyba że z sznapsami. Płaczemy, kopiemy, krzyczymy, histeryzujemy i to nas ratuje. Nie potrafią płakać i puszczać pary, krzycząc i robiąc zamieszanie. Jeśli mężczyzna musiałby urodzić dziecko z zimną krwią, nigdy nie powtórzyłby tej historii. Z drugiej strony, bardzo martwię się o Juana, on cierpi po cichu i wyraża bardzo mało tego, co ma w środku, daje mu dużo cichego traktowania. Mówi, że dostaje jego odpisywanie z klatki piersiowej, a tam jego wujek Antonio, brat Cleo, wszedł, który sprawił, że Flora zakochała się w wersetach, które sam skomponował. Niech Bóg ma w opiece duszę Antonio, bo on nie jest rajstopy. Kiedyś wypił butelkę alkoholu, którą don Nicolás kupił, aby naprawić ciało Flory, ponieważ w tym czasie don Nicolás pomagał naprawiać zmarłych w domu zmarłego. Gdyby John miał żonę i dzieci, nie byłby dla mnie taki surowy. Traci życie czytając książki, jest jeszcze młody, ale mam nadzieję, że nie przekroczy wieku dzieci. Co dobrego w tym było, że tak dużo czytał? Wcale nie, tylko nie wierzyć w Boga. Kiedy umieram, nie wiem, czy naprawdę wrócę po Cleo. Dlaczego myślę o tych rzeczach? Czy to możliwe, że cofam kroki? Czy to możliwe, że Stwórca już mnie wzywa? Ojciec Santa Teresita powiedział w poniedziałek na pogrzebie Guillermina Lopez, że kiedy ojciec umiera, zabiera klucz do spiżarni, ale zamiast tego, matka umiera i zabiera klucz do domu i dom się kończy. Jeśli umrę, wiedzą, co ze mną zrobić: skremować i zakopać prochy przy wejściu do domu, posadzić nade mną drzewo jak u pastora. Chcę być tym drzewem, kiedy umrę, matka też jest drzewem i jako drzewo łamie chleb, aby wystarczyło dla całej rodziny. Drzewo, którym chcę być, jest jak drzewo Doña Pastora, pełne płytek, które śpiewają o świcie, perfumowanych białych kwiatów, które spadają w nocy jak gwiazdy na niebie i każdego ranka tworzą gobelin na trawie, który Cleo wstaje wcześnie, aby podnieść i umieścić w wazonie ołtarza, przed obrazem Wieczystej Pomocy. Chcę być codziennie w pobliżu Cleo w kształcie kwiatu. Wybacz mi, mały Boże, że nie chcę być pochowana na cmentarzu, to jest, że cmentarz nie został stworzony dla mnie, jestem kobietą pełną wad, jestem szczęśliwa, jeśli po mojej śmierci staję się częścią owocu lub kwiatu, z tym, że uważam się za dobrze służyć, a następnie zajmiesz się zbieraniem moich prochów i ponownie złożyć te stare kości, tak aby były obecne na sąd ostateczny. Będzie dziesiąta, to sprawiedliwe, że wstaję, by porozmawiać z moimi krzakami, rzucać ryżem na moje turkawki, muszą być głodne. I żeby zrobić lunch dla Cleo, która przyjdzie. *Wolę* mieć umysł zajęty cały dzień, pracować w domu, niż leżeć tu *pamiętając i* myśląc, że umrę.

Hej, jeszcze raz.

3. Rzeczy. Kroki

Zobaczmy..., moje sandały... Ładnie wyglądasz, moja dziewczyno, leżąc z tą narzutą, kupiłam ci ją w ostatniej produkcji "El Exito", bardzo dobrze kontrastuje z marchewką leżącą z papierosowym kolorem drewna, wiem, że Cleo cię polubi, znam jej gusta, czego ty i ja nie będziemy wiedzieć po tylu latach spania z nim.

Skąd ten pył? Każdego dnia potrząsam tobą i potrząsam tobą, Serce Jezusa, i każdego dnia obramowanie twojego obrazu śwituje kurzem. Odkurzam cię od kiedy wyszłam za mąż i będę cię potrząsać aż do śmierci. Magdalena powiedziała, żeby cię stamtąd wydostać i zabrać na reprymendę, żebyś wyglądała staro, brzydko i staromodnie, i żebyś postawiła obraz, obraz, na swoim miejscu. Ale nie zabiorę cię stąd, zostaniesz tu, dopóki nie umrę, a kiedy umrę, pozwól Magdalenie robić, co chce. I tutaj będziecie kontynuować, towarzysząc nam aż do śmierci. Gdybyś mogła zmieścić się w mojej trumnie, zabrałabym cię ze sobą. Wiesz więcej o moim życiu niż ktokolwiek inny, zwróciłem się do Ciebie w moich momentach smutku, tutaj, pokłony przed Tobą, cierpiałem samotnie, kiedy Cleo plątała się z tą dziwką z ulicy. Stąd nie wychodzisz i tu zostajesz, nikt nie zna ogromnej siły, która wiąże mnie z tobą.

Trzęsę się i potrząsam kurzem, bo sam wiem, że ten pokój i te meble też gromadzą kurz, czy z czasem kurz się zmieni? Czy ten pył jest taki sam, jak ten, którym trzęsłem się w dzieciństwie? *Pamiętaj, Gaya, jesteś w proch i w proch się staniesz.* Ea. Jan mówi, że pył rodzi się w gwiazdach, ale ja nie rozumiem tych rzeczy, jedyne co wiem o gwiazdach to to, co mawiała mama Lola, że gwiazdy są duszami zmarłych, którzy opiekują się nami z nieba. A kurz, dlaczego będzie tańczył w słońcu? Czy będzie to kurz z grobów na cmentarzu? Nie podoba mi się tu cmentarz w Betlejem pod ręką, martwa kobieta i krzywdząca ludzi. Chcę zostać skremowany, a nie zjedzony przez robaki.

Nie zapomnij o mnie, Gaya, twojej czeskiej kryształowej lampy, którą dała ci mama Lola. Tak, mój wierny towarzyszu, zapomniałem o tobie, który byłeś światłem moich oczu każdej nocy w tym pokoju, kiedy czytałem nowennę do Najświętszego Serca Jezusa. Sześćdziesiąt lat pylenia i ponownego pylenia. Pył jest jak Bóg, jest wszędzie. Wybacz mi, mały Boże, że porównuję kurz tak nieistotny z tobą tak wielkim. Jeśli nie będę codziennie potrząsał tymi porcelanami, pył przejmie kontrolę.

Jak nie potrząsnąć moim pięknym, starym zegarem wahadłowym, nie zostawiłeś ani jednej chwili, aby zaznaczyć czas w tym domu i ogłosić kukułką, kukułką, że jest już częścią jego dźwięków, że minęła godzina i zaczyna się kolejna. Twój ptasi dźwięk znał mnie z czarnymi włosami i bujną karnacją, a teraz nawet mnie nie rozpoznajesz, szarego i pełnego zmarszczek.

Jestem tu, zabawiony kurzem i jeszcze nie zacząłem w ogrodzie. Lubię utrzymywać pokój w czystości, nie wiadomo, kto może przyjść w odwiedziny niezapowiedziane. Ty, Gaya, możesz wkrótce odwiedzić, w formie kurzu, w tym pokoju, w którym teraz potrząsasz kurzem, ponieważ *Pył jesteś...* Hej, co mam powiedzieć? To ja jestem tym, który mówi? To głos tego snu. Dlaczego mam takie uczucie? Czy to możliwe, że umrę? Śniło mi się w Wielkanoc, że Marujita Saldarriaga zaczęła przypominać mi o swoim całym poprzednim życiu, cofać kroki, mówimy stare, a kiedy następnego dnia zadzwoniłem do niej przez telefon, wszyscy się przestraszyli, dowiedziałem się, że zmarła zeszłej nocy. Robi się późno, żebym poszedł na podwórko, żeby podlać krzaki, które muszą umierać z pragnienia.

Ten dziedziniec jest rajem, oszklonym przez to szczęśliwe słońce, z moimi achirami i biflorami w pełnym rozkwicie. Dzisiaj, moje krzaki, są piękniejsze, jakby to były święta.

Witajcie, moje dziewczyny, jak się macie? Jaka zła stara kobieta, która nie przychodzi wcześnie przywitać się z drogimi przyjaciółmi, którzy ofiarowują jej swoje piękno i wdzięk, jak pięknie wyglądają z tymi wiązankami kwiatów, pod grudniowym słońcem. Dziękuję wam, moje dziewczyny, za uszczęśliwienie mojego ogrodu i zakwitnięcie dla mnie. Jum, nie pozwólcie Johnowi mnie usłyszeć, widzę, że mówi mi wszystko na poważnie: mamo, kwiaty nie kwitną, aby uszczęśliwić ogród, ale aby przyciągnąć owady, które niosą pyłek do zapłodnienia innych kwiatów. Wydaje mi się dziwne losy kwiatu, tyle opóźnienia w pączkowaniu, tyle piękna, tyle delikatności i jego życia tak ulotnego, mniszki kwitną rano i więdną o zachodzie słońca, oferują nam swój pokaz i swoje perfumy, umierają i nie twierdzą, wydaje się, że ich misją jest tylko bycie pięknym. Czyż nie jest prawdą, moje dziewczyny, że jesteś piękne? Kwiat dnia jest pięknem kobiety, powiedziała Mama Lola: Spójrzcie na lilie na polu i ptaki w lesie, nie sieją ani nie zbierają się, a ja wam mówię, że nawet Salomon w całej swojej okazałości nie był ubrany jak jeden z nich, powiedział Jezus Chrystus. Mój Bóg troszczy się o swoje stworzenia i ubiera je w małą wielkość. Co jest z tobą, moje dziecko, że nie chcesz rozkwitnąć? Zabiorę cię na podwórko rekonwalescencji, tam wyzdrowiejesz, to jest świeższe, a cały krzak, który śliwię i zabieram, zaczyna wkrótce kiełkować. Tnę cię tu, tnę cię tu, jeszcze trochę tu i jeszcze trochę tam, a ty jesteś gotów rozpocząć nowe życie z liści i kwiatów. Ty, moja dziewczyno, jesteś zjedzona przez ślimaka, znam ugryzienie bandyty, poczekaj i zobacz, kładziemy mały kawałek sałaty i jutro znajdziemy ją tam, jedząc, a ona idzie. Tu widzę ugryzienie robaka, tamto, musimy tylko założyć mu zapałki na głowę, tym go otruję i nie będzie ci już przeszkadzał. Ty, moje dziecko, jesteś pełna stonogów, tu jest węzeł, z tym małym kijem worki są skręcone, jeden po drugim. Przygotuję dla was, moje dziewczyny, kąpiel mydlaną przeciwko mszycom i podlewanie skroplonym czosnkiem z wodą, co jest dla was tak dobre. Zabierasz mi dużo czasu, ale też dajesz mi życie, dla mnie jesteś moją terapią, z tobą mój czas leci, a ja nawet nie zauważam i zapominam o wszystkim, co muszę zrobić. Jak ziemia będzie produkować z niego, ze światła, z powietrza i wody, z liści, kwiatów i owoców roślin? To boski cud. Wspaniale jest posadzić trochę nasionka, które najpierw daje kilka korzeni, potem łodygę, potem kilka liści, potem gałęzie, kwiaty, owoce, i staje się drzewem, tak silnym, że potrzeba kilku mężczyzn z siekierą w ręku lub z piłą elektryczną, aby je powalić, a wszystko to dla nasionka, na które wiele razy nadepnę, nie zdając sobie z tego sprawy. Kiedy winorośl rodzi się, rodzi się liść po liściu, więc miłość zaczyna się, słowo po słowie, jak mówi piosenka. Bóg robi swoje rzeczy dobrze, a jednak, z taką doskonałością, są ludzie, którzy nie wierzą w Niego, którzy nie wierzą w Boga, którzy wierzą w krzaki, wodę lub kwiat. Jan mówi, że życie jest dziełem chemii i że biologia wyjaśnia wszystko bez potrzeby Boga, że to, co się dzieje, matko, jest to, że rośliny, jak kobiety, mają hormony, substancje, które mówią im, kiedy zacząć się rozwijać i rosnąć, jeśli ziarno pada na odpowiednią glebę, inni, że mówi im, w jakim kierunku jest słońce, inni, że daje im rozkaz, aby kwitnąć lub zacząć tracić liście, gdy nadchodzi zima. Jan jest niewiarygodny, nie wierzy w Boga, ale w naukę, i za wszystko musi wymyślać powód, dlatego jest tak szalony, nie rozumiem tych jego sztuczek, uczę się wszystkiego moim sercem, matki mają swój mózg w sercu, jestem przekonany, że to wszystko zostało zrobione przez mojego Boga i nie potrzebuję więcej wyjaśnień, to wystarczy mi podziwiać, dziękować i być zdumionym tak wielu cudów natury dokonanych przez potężną rękę Stwórcy.

Jaka szkoda, że moje turkawki czekały, aż rzucę w nie ryżem, a ja zupełnie zapomniałem być tutaj i rozmawiać z krzakami. Więc jedzcie, moje dziewczyny, oto ryż. Jum, oni już zjedli ten kilogram, który kupiła Cleo. Coraz więcej ptaków przychodzi jeść, jedne wołają do drugich, jedzą już kilogram ryżu każdego dnia, ale ptaki muszą być karmione, tak jak karmi nas ziemia.

Spóźnię się na lunch do Cleo, a ona zaraz tu będzie. Dom jest duży dla tej starej pary, cztery pokoje, których nikt już nie zajmuje. Cleo mówi, że stąd na cmentarz, że nawet nie myślimy o zamieszkaniu w mieszkaniu, jak są, gdy są małe. Efraincito w domu nie ma gdzie uciekać, ani Andresito, ani Sebastian w tym gołębniku. Nie przyzwyczajasz się do życia w pudełku zapałczanym przez całe życie w dużym domu. Ten dom był kiedyś wypełniony płaczem, krzykiem, przytulaniem, szeptem i gruchaniem, śmiechem i szalonymi biegami moich dzieci. Ale już te mury destylują samotność. Aż do wczoraj, do dnia świec, kiedy tłum przyszedł obrócić wszystko do góry nogami i do tyłu, *Za słońcem mam dom/Słodki dom; za słońcem...*

Ta kuchnia jest za duża tylko dla mnie, lubię gotować przez śpiew, bo jedzenie zrobione z miłością karmi więcej i smakuje lepiej, jeśli gotujesz z gniewem, to przenosi gniew na jedzenie i źle pada na żołądek. Matka Lola bardzo kochała kuchnię i była znakomitą kucharką. Powiedziała, że szczęście domu zaczyna się w kuchni, że miłość wchodzi do mężczyzn przez ich żołądki i oczy, i że wchodzi do kobiet przez ich uszy. I to prawda, wszyscy jesteśmy podbici przez uszy przez mężczyzn, dobry konwersacjonalista podbija jednego, nawet jeśli jest brzydki i mały. Jak Cleo, która podbiła mnie przy kropli kapelusza. Ćwiczyłem radę mamusi Loli z Cleo i oto on jest ze mną Martwię się o robienie mu takich posiłków, jakie lubi, a ja przygotowuję je tak, jak mi każe. W małżeństwie podstawowym i decydującym czynnikiem jest jedzenie. Mówię Beatriz Socorro, aby nie odbierać Eduardo tylko z frytkami i sodą, że nie karmi, jesteś bardzo zły pani, to nie jest jak utrzymać dom, a następnie narzekać, bo Nicolas zostawił ją i zmienił ją na inny, na pewno to dlatego, że drugi gotuje lepiej, lub dlatego, że daje mu więcej przyjemności. Wszyscy mężczyźni są powieściopisarzami, mogą opuszczać dom, żonę i dzieci, ze względu na płeć i stół. Najlepszym sposobem na utrzymanie męża jest utrzymanie go zadowolonego z jego żołądka i pragnienia. Szczęście małżeństwa zależy od kuchni i łóżka. Nigdy nie odmówiłem Cleo, kiedy mnie prosiła, ani nie podałem jej historii o bólu głowy, zawsze dawałem jej przyjemność, nawet jeśli nie bardzo ją lubiłem, bo nie byłem po prostu jakąś starszą panią. Odmawiam teraz, ale to dlatego, że przepraszam, że wyglądam brzydko. Żeby mąż był zadowolony z jedzenia to rada, której udzielam Beatriz Socorro, Marcie, Magdalenie, Angeli Mary. Cleo lubi, gdy jej zupa jarzynowa jest z pokrojonymi warzywami, a marchew, fasola, groszek, ziemniaki kreolowe, arracacha, kolendra, kalafior, cebula gałązkowa, pomidory i wieprzowina, również pokrojone.

Sprawy gubią się w tej wielkiej kuchni. Gdzie położyłem kadzie? Szukałem go od jakiegoś czasu. Zostawiłem go w lodówce z opatrunkiem? Tak dziwne, że mogę łatwo zapamiętać przeszłość, a zamiast tego zgubić się i zapomnieć o teraźniejszości. Ach, tutaj chowasz chochlę. A warzywa, gdzie je położyłem? Zdecydowanie tracę rozum, czas wszystko kończy, czas jest jak szlifierka, która wszystko kruszy i zamienia w papkę, czas idzie dalej i nie wraca, jego tempo jest powolne i mierzone, bez odpoczynku, patrzeć na małe wskazówki na zegarze, które idą dalej bez zatrzymywania się lub zawracania, czas jest taki sam. Recytowaliśmy to w szkole i nie zapomniałam: Bądź ostrożna, dziecko - powiedziałam wczoraj Margaricie María la de Jesús, co powiedziała moja nauczycielka, jak się nazywała, Teresita Galvis? Teresita Gómez? - by nie zmarnować ani chwili i zawsze wykorzystać ją w użytecznych rzeczach. *Za słońcem mam dom. Słodki dom...*

Bardzo łatwo jest zrobić zupę na trzy: ryż i usmażyć trzy kawałki mięsa i plasterki banana, i to wszystko. Cleo pozostaje w tyle, jestem pewien, że została w realizacji, lubi patrzeć, jak ludzie walczą o plastikowe garnki, co jest jedyną rzeczą, którą sprzedają naprawdę tanio w realizacji "El Baratillo". Z drugiej strony, lubię chodzić i kupować warzywa, jestem zachwycony nienaganną różnorodnością owoców i warzyw, mango, mandarynek, papai, sapotów, lulos, kokosów, jabłek, arbuzów, awokado, brzoskwiń, pomarańczy, bananów, czarnych winogron, białe winogrona, gruszki, słodka gujawa, kwaśna gujawa, agrest, jeżyny, pomidory drzewiaste, truskawki, marchew, kapusta, ziemniak kreolowy, czarny ziemniak, sałata, groszek, arracacha, kolendra, kapusta, boćwina, ogórek, małe pomidory, duże pomidory, cebula gałązkowa, cebula jaja kurzego, rzodkiewki Kontemplując całą tę różnorodność kolorów i kształtów, czując zapachy całej tej różnorodności produktów, doświadczam dreszczyku, który przechodzi przez całe moje ciało, wielkiego wzruszenia, ponieważ te owoce są wielkością Boga. Ziemia produkuje każdy owoc i każde warzywo w innym miejscu, a jedna ziemia jest bogata w jeden gatunek, a druga w inny i razem tworzą różnorodność i piękno. Żaden mężczyzna nigdy nie był w stanie zrobić ani jednej pomarańczy, ani jednego liścia sałaty, a

John powiedział wczoraj w jadalni: Prawie tam, mamo. Jestem zdenerwowany taką hojnością. Potrzeba grudnia, by sprowadzić brzęczenie do tego domu. Kiedy wszyscy mieszkaliśmy razem, dom czuł się szczęśliwy przez cały rok, te szczęśliwe chrystusy, te tańce. Ale dlaczego ja pamiętam te rzeczy? To najdziwniejszy dzień w moim życiu, dzisiaj moje życie paraduje przede mną, jak niekończący się pociąg. Cofam kroki? Montuję garnek na kuchence i idę się wykąpać, zadzwonić do Beatriz Socorro, żeby przyszła i już teraz pobrała mi ciśnienie. Gdyby dzisiaj nie było wakacji, to czas, żebym wyjechała na zajęcia z siłowni grupowej dla seniorów, ale można też uprawiać gimnastykę sama. Jeden..., Dwa..., Jeden..., Dwa...

Ah... Ah... Uh..., uh..., nic lepszego niż zimna kąpiel w środku dnia, woda mnie ożywia i sprawia, że czuję się jak nowa, jakbym dopiero co się urodziła. Tak potężna jest woda, która wymazuje grzech pierworodny. Czym miałbym być bez tej wody? Jakie mam okropne ciało i jaka byłam piękna. Macierzyństwo kończy się jednym, rozciąga wszystko: te opadające piersi, zmęczone dawaniem mleka, sięgają mojego pępka, te sutki wyglądają jak rodzynki, które kto je polubi, ten wiotki żołądek przykrywa moje łono, uda zwisają jak mokre ubrania na drutach, te nogi to bałagan żylaków, a te stopy z odciskami i bujniakami nie są już tymi pięknymi stopami królowej, jakimi były. Na szczęście dziewczyny odziedziczyły piękne stopy Cleo, a nie te moje zdeformowane stopy. Życie wydostało się ze mnie do ostatniej kropli życia, aby wygenerować więcej życia i odebrać piękno mojego ciała. Jestem zwiędły kwiat, orzech, który już dał swoje nasiona, stary skonsumowany. To zmarszczkało moje życie. Co za dużo rozstępów. To niesamowite, że kobieta, która kiedyś była piękna, może skończyć z tym brzydkim, zatłoczonym i trochę zarośniętym. Macierzyństwo i czas cię wykończą. Cleo, jak on będzie żył w rozczarowaniu tą moją rozpustą, kiedy spotkał mnie z obietnicą i świeżością młodości. Kobiece piękno to zdecydowanie przemijający kwiat. Co za wstyd Cleo z tą okropną staruszką. Przepraszam, że dałam się od niego zobaczyć nago, a kiedy nagle coś podpowiada, kiedy wychodzę z łazienki z założoną piżamą i podnośnikiem, udaję, że znów jestem śpiąca i bardzo zmęczona, albo mówię mu, że boli mnie głowa. Ale to dlatego, że jest mi wstyd być widzianym nago. Wyglądam jak rozlany wieloryb, kałuża luźnego mięsa. A Cleo jest coraz mniejsza, kurczy się, miniaturowa. Jeszcze, stary i pomarszczony, Cleo mnie kocha, a ja kocham jego. Nasza miłość pokonała już wszystkie próby, śmierć już nas nie dzieli i umrzemy z miłości, a pierwszy, który odejdzie, przychodzi po tego, który zostaje, ale ja nie chcę się podporządkować, nie chcę przychodzić po Cleo, chciałbym, żeby żył więcej lat. Mężczyźni nie muszą być tacy twardzi, nie muszą rodzić i nosić dzieci, zamiast tego matka musi być twardsza i to kończy ciało. Całe życie kochałam to mydło dla dzieci, które pozostawia mnie pachnącego jak dziecko. Nie mydlę podeszwy stóp, bo z gładką podłogą mogę upaść, a upadek w moim wieku jest śmiertelny, z tą osteoporozą, która gryzie moje kości, i z tą chorobą zwyrodnieniową stawów. To samo stało się z Marujitą Saldarriagą w łazience, która upadła. Jeśli upadnę, już nigdy nie przestanę. Co za radość mieć zimną wodę w środku dnia. Czyż nie jest prawdą, lusterko, że moja twarz nadal ma swoją świeżość z powodu wody ryżowej i mojej C-kremowej? To niesamowite, że nadal mam swoje naturalne zęby, czyste zęby są częścią mojego dobrego samopoczucia. Gdzie Cleo zostawiła swoją szczoteczkę do zębów? Ach, tutaj jest. Jeśli mam brudne zęby, to źle się czuję. Co to jest, co czuję? Oh, mój Boże. Oh, mam zawroty głowy, oh, mam zawroty głowy. Cleo! Cleo! Cleo! Cleo!... Ja spadam!... Ja spadam!...

4. Cicho. John

Mamo, słyszysz mnie? Może nie. Lekarz na oddziale intensywnej terapii kazał mi mówić w twoim uchu, że ucho to ostatnia rzecz, którą tracisz. Oto jestem, towarzysząc ci w tym transie. Na zewnątrz w salonie, dziewczyny modlą się za ciebie. Marta Łucja i Magdalena Maria zostawiły mnie samą; odeszły modląc się, w ciszy, aby ci nie przeszkadzać. Jeśli mnie nie słyszysz, to i tak jestem spokojny, bo chcę tylko, żebyś wiedział, co się teraz z tobą dzieje i co się teraz z tobą dzieje. Ostatnio neurochirurg powiedział nam, że możemy wejść, wszyscy na raz, jeśli chcemy, pożegnać się. I aby pomóc jej odejść, powiedziałem, a te słowa dają mi to przywództwo, które sobie przypisuję. A my wchodzimy jako grupa. Od dwóch tygodni, kiedy przywieźliśmy cię, po tym jak zemdlałeś, nauka i maszyny towarzyszyły ci w tej sali intensywnej terapii, starając się zarobić na życie. Zakrzep krwi zatkał twoją tętnicę szyjną, uniemożliwiając dotarcie tlenu do mózgu, a niektóre komórki obumarły. Neurochirurg mówi, że to mogło być tak, że w przeszłości doznałeś ciosu w głowę i dopiero teraz oderwał się zakrzep, który zablokował tętnicę; nikt z nas nie pamiętał tego ciosu w głowę od ciebie, ale tata pamiętał, że w El Paraíso, kiedy byłeś dzieckiem, spadłeś kiedyś ze szczytu skały Alonso Atehortúa, ponieważ jest ona wysoka. Skończyłeś już dwa tygodnie w tym pokoju zadzwonione przez pielęgniarki, które zajmują się tobą w *Pokoju Życia*. Jutro jest dwadzieścia cztery, co za paradoks, w tym samym dniu, w którym urodził się Jezus. Kto by pomyślał, że skończysz życie w tym pokoju, w niczym takim jak w domu. Tutaj, w tych dniach, krewni chorych mogli wchodzić tylko pojedynczo, w zielonych sukniach szpitalnych, dezynfekowanych i z ustnikiem, tak aby żadna bakteria nie odfiltrowała nagle z pokoju, dodając do już i tak przerażających i zakaźnych bakterii, które żyją w tych salach intensywnej terapii. Lekarze z pielęgniarkami wykorzystali wszystko, co medycyna wie i ma do dyspozycji w tej chwili, aby walczyć ze śmiercią, ale to wszystko poszło na marne, ponieważ twoje komórki mózgowe nie zareagowały na żaden z zabiegów. Beatriz Socorro zwróciła się do medycyny alternatywnej i przyniosła ci bioenergię, a twój mózg nie zareagował ani na jej pogodne słowa, ani na najjaśniejsze kwarce, ani na najodważniejsze, najcieńsze piramidy. Magdalena María przywiozła Ojca Jaime z Santa Teresita i nałożyła na ciebie święte olejki, ale ty też nie odpowiedziałaś na jego modlitwy: Nic innego nie miało z tym wspólnego, powiedział nam Ojciec Jaime. Nie odpowiedziałeś na wszystkie modlitwy i błagania. Towarzyszyłem również moim braciom w kaplicy; jest to sposób komunikowania się ze sobą, nawet jeśli się nie wierzy. Dziewczyny kończą trzeci, dziewiąty rok. Cały ten medyczny wysiłek, całe to leczenie i cały ten lek i wszystkie te artefakty były, jak mówię, całkowicie bezużyteczne, aby ci ulżyć. Jako ekstremalne lekarstwo, w niedzielę odcięli ci czubek głowy, zostawiając twój mózg w powietrzu, mając nadzieję, że jak się rozszerzył, opróżni się i wróci do normy, ale też nie zareagowałeś pozytywnie na to naukowo godne podziwu i ludzko bolesne lekarstwo. Pokój ten jest cudownym tworem ludzkiego umysłu do walki ze śmiercią i ratowania życia, z pomocą najbardziej zaawansowanej technologii. Monitor, wyposażony w oscyloskop, rejestruje bicie serca na ekranie co sekundę i kontroluje temperaturę ciała, żył i ciśnienie krwi. Kiedy śmierć trzykrotnie wbiła nos w ten pokój, aby zakłócić jeden z twoich życiowych znaków, maszyna siedem razy zrobiła ogromne zamieszanie ze swoim systemem alarmowym, tak że personel medyczny wkrótce przyjdzie. Regularnie, nie tracąc ani jednego dnia, podczas tych piętnastu, byłem świadkiem dokładnego i precyzyjnego działania monitora, czuwającego jak nikt inny, aby zapobiec wygranej śmierci. Polubiłam go, jakby był jednym z członków rodziny. W Hali Życiowej dyplomowany wentylator zaopatruje cię w tlen, którego brakowało ci tego popołudnia, a którego brak doprowadził cię tutaj, pogrążając cię w tym żałosnym warzywnym stanie. W tym pokoju, w którym stoczyłeś swoją ostatnią walkę, defibrylatory i rozruszniki serca czekają na jakikolwiek nagły wypadek w twoim sercu, a ścisła jałowość i czystość pomagają kontrolować każdą infekcję, która zagraża twojej powadze. Nie ma kurzu z twojej bójki tu w domu każdego ranka. W tym pomieszczeniu temperatura nie zmienia się, a doskonałe oświetlenie gwarantuje, że nigdy nie będzie nocy i że zawsze będzie królował dzień. Zapach alkoholu i podchlorynu kontrastuje z jaśminem w nocy, który pachnie z podwórka domu w okresie kwitnienia. To metalowo-białe łóżko zmienia kształt za naciśnięciem guzika i mimo, że jest hydrauliczne i elektroniczne, nadal jest łóżkiem hospicyjnym, różniącym się od pysznego, kręconego kminku w Twoim pokoju w domu. W tym zimnym metalu trzymałeś swój ostatni wysiłek, aż do teraz, kiedy podjęliśmy decyzję.

Woleliśmy, żeby tak było, żeby dalej widzieć cię leżącą tu bez życia, zamienioną w warzywo, które oddycha, bo oddycha przez nie wentylator. Niepokoi nas to, co kiedyś było Twoją piękną, białą głową z obfitymi włosami, zamienioną w ogoloną kulę, połączoną z wężami tlenowymi i medycznymi, oraz to, że Twoja nierozpoznawalna twarz zniekształciła się przez obrzęk. Śmierć przyszła z ciosem dla godności. Gdybym przyszedł, gdy ty spałeś, śmiałeś się, bawiłeś, szyłeś, dobrze. Ale on nas upokarza, zanim zabierze cię swoją łapą. To nie jest godne być w pieluchach, bez kontroli zwieraczy i pęcherza. Od dwóch tygodni nie widziałeś, nie słyszałeś, nie poruszałeś palcem i nie kontrolujesz swoich instynktownych funkcji.

Godzinę temu spotkał się z nami lekarz dyżurny i powiedział nam, że nie mają już z tobą nic wspólnego, że jesteś w stanie wegetatywnym, że twoi uczniowie nie reagują na światło. Powiedział nam, że nie ma sensu utrzymywać cię przy życiu sztucznie przy pomocy monitora. Magdalena Maria płakała, prosiła ją o zrobienie wszystkiego, ale razem udało nam się ją przekonać, że wszystko, co było możliwe, zostało już wypróbowane. Po zastanowieniu się w poczekalni, po znajomym uzgodnieniu wyglądu, Daniel powiedział lekarzowi, aby kontynuował. To jest najlepsze.

Co sobie myślałeś, kiedy wpadłeś do łazienki myjąc zęby? Tato? On wciąż jest w domu. Twoje krzaki zaczynają za tobą tęsknić, ale tata o nich nie zapomina i je podlewa. Od teraz będę uważał, by się nimi opiekować. I w dzisiejszych czasach gołębie nadal przybywają na podwórko, aby zjeść ryż, który tata również rzuca w nich, który nie zapomniał dać im jedzenia, do którego mieliście ich przyzwyczajonych.

Lekarz na następnej zmianie przeczytał raport z poprzedniej zmiany i zapytał nas, przed blondynką, czy rozmawialiśmy już z drugim lekarzem. Inna pielęgniarka skinęła głową, trzy razy. A ja powiedziałem: "Tak, doktorze, rozmawialiśmy z nim. Ach, no cóż", powiedział lekarz i usiadł przed monitorem, szybko wpisał trzy lub cztery klucze i wyszedł z krzesła. Wejdź, pożegnaj się, mów w jej uchu, bo ucho jest ostatnią rzeczą, która umiera, a ona nadal cię słyszy, powiedział lekarz, i poszedł kontynuować rundę do innej sali życia.

Dwa tygodnie z wężem w ustach, zawiązanym tą taśmą, która deformuje twarz, wystarczy. Dwa tygodnie z tym wężem serum, który podaje ci kroplówkę. Dwa tygodnie połączone z tym mechanicznym płucem. Wkrótce odpoczniesz od tych wszystkich technologicznych akcesoriów. Monitor kontroluje tętno z tym pi pi pi w odstępach czasu, co oznacza, że jesteś nadal śmiertelnie żywy. Twoje bicie serca jest wykresem na ekranie, z ostrymi, wąskimi szczytami oddzielonymi płytkimi. Teraz rytm twojego serca zaczyna się zatrzymywać, ponieważ został zaprogramowany z klawiatury przez lekarza; zaczyna się już stawać linią prostą, mniejszą odległością między tymi dwoma punktami: twoim życiem i śmiercią... Alarm bije, pielęgniarka blondynka wpada i po prostu go ucisza, tak że cisza wraca do tego zimnego pomieszczenia, gdzie jesteś przykryty tym elektrycznym kocem, którego nie będziesz już potrzebował i gdzie słychać trzask mechanicznych płuc. Teraz twoja kolej, by zmienić ciśnienie krwi na tę statyczną linię śmierci i włączyć alarm. Pielęgniarka blondynka wpada ponownie, nie po to, żeby zająć się ludzkim pogotowiem, ale po to, żeby mechanik, i wyłącza go, żeby jej to już nie przeszkadzało. Rytm twojego oddechu zwalnia, tłok sztucznego płuca nie ma więcej oddechu do wznoszenia; zatrzymuje się i zatrzymuje na dnie rurki, podczas gdy ty spokojnie i spokojnie pędzisz w niezgłębioną otchłań. Śmierć przynosi swoje okrucieństwo. Beatriz Socorro i Rafael wchodzą, patrzą na łóżko i wychodzą ze łzami w oczach.

Odchodzisz, a to wszystko przez ten niezauważalny gaz tlenowy, który nie chciał już dotrzeć do twojego mózgu. Przepływ twojej krwi zatrzymuje się i nie dociera już do komórek, aby przynieść im jedzenie, prądy elektryczne nie przechodzą przez włókna twojego ciała, aby zmobilizować twoje mięśnie, wszystko w tobie jest jeszcze, pielęgniarka blondynka każe nam opuścić pokój, aby cię naprawić.

Śmierć jest prawdziwa, mówię, i chwytam za drzwi Marię i Martę Łucję oraz Jezusa i Izmaela i powstrzymuję łzę. Wszyscy patrzymy na siebie. Teraz, później, będę płakał sam. Poczekamy na zewnątrz, a oni dadzą nam ciało tego, który był energiczną matką tych dwunastu twoich dzieci. Odejdź, odpocznij, byłaś wspaniałą kobietą. Będziemy trzymać się razem, tak jak nas uczyłeś. Więc to jest to, kim jesteśmy, jak sądzę. Pa, staruszko.

5. Tlen. Wyjaśnienie

Jakże bolesna jest pani śmierć, ale chcę, aby pani usłyszała moją stronę opowieści o wydarzeniach, które zakończyły pani życie, teraz, gdy brązowa pielęgniarka z umiejętnymi rękami przygotowuje pani ciało do przekazania innej pielęgniarce niższej rangi, która w końcu zaprowadzi panią do amfiteatru w piwnicy na najniższym poziomie drabiny zdrowia, a stamtąd wyjdzie pani na ulicę ponownie, aby odbyć ostatnią podróż do miasta, madam.

Słyszałam jak Juan mówił, że przyczyną jego śmierci byłam ja, proszę pani. Zobaczysz, że w ścisłym tego słowa znaczeniu prawa to nieprawda. Tego dnia, dla mnie zwykłego, Dnia Niepokalanego Poczęcia, jak zwykle, jak siedemdziesiąt pięć lat, przeniknąłem przez twoje nozdrza i usta, zmieszane z powietrzem, którym oddychałeś. A ja poszedłem z powietrzem do jego gardła, a stamtąd do krtani, a potem do tchawicy, a potem do oskrzeli, i poszliśmy do oskrzeli, i doszliśmy do pęcherzyków płucnych, tych mikroskopijnych woreczków powietrznych, które w liczbie około dwóch milionów przechowują powietrze w płucach i których cienkie ściany zapewniają powierzchnię siedemdziesięciu pięciu metrów kwadratowych, wystarczającą do pokrycia osiemdziesięciu razy większej powierzchni pani skóry, madam. Stamtąd przeszedłem, poprzez dyfuzję, przez delikatne błony pęcherzyków płucnych i naczyń włosowatych, do jego krwi i połączyłem atomy żelaza hemoglobiny, składnika czerwonych krwinek, które nadają mu ten kolor.

Z płuc, madam, przeniesiono mnie, jak zawsze, do lewego przedsionka serca, skąd wysłano mnie, przez komorę po tej samej stronie, do wszystkich miejsc w pani ciele. Krótko mówiąc, w jego wieku, jego niestrudzone serce musiało liczyć ponad dwa i pół miliarda uderzeń. Część mnie przybyła, jak zawsze, bez trudu, do dolnych organów jego ciała, transportowana przez rzekę krwi, która, nie tracąc ani chwili w ciągu tych trzech ćwierć wieku, przyniosła każdemu z nich jedzenie, białe krwinki dla ich obrony, hormony, które regulują ich funkcjonowanie; zbierając, aby je chronić i utrzymać je przy życiu, odpady, które produkują komórki, i dwutlenek węgla, produkt pani oddychania, madam.

Ale krew, która odeszła do mózgu, spotkała się z zakrzepem w tętnicy szyjnej, który uniemożliwił jej kontynuowanie swojego przeznaczenia i dotarcie do neuronów, tak aby mogły przeprowadzić proces glikolizy; to znaczy złamać cząsteczki glukozy, w których przechowują swoją energię, używając mojej, aby wyprodukować energię, w postaci ATP, której potrzebują dla swojego funkcjonowania i przetrwania. Zmęczony czekaniem na mnie, wielu umarło, bo każda komórka umiera pod moją nieobecność. Wkrótce potem upadłeś na podłogę, zemdlałeś podczas mycia zębów. To, co nastąpiło po pani omdleniu, madam, jest tym, co powiedział pani Jan; przez czyj organizm z kolei ja również realizuję ten sam cykl, który wskazałem, nie dbając wcale o to, czy jest to Jan, czy ktoś inny, czy jego matka.

Ale ja też, wierzcie mi, jestem tu z wami, a blondynka pielęgniarka odłącza węże i urządzenia, aby oddać swoje ciało do pierwszego ogniwa kostnicy, nawet swoim dzieciom, na początku kolejnego łańcucha, kolejnego rytuału, który ma być oglądany i kremowany.

Jakże bym nie chciał ponownie przeniknąć przez nos i usta do jego ciała, ożywić te martwe komórki i przywrócić go do pełnego i nienaruszonego życia. Jednak jego klatka piersiowa i płuca nie rozszerzały się już tak, że mógł wdychać mnie w tym powietrzu, które w życiu do niego docierało z zewnątrz, poprzez skurcz przepony i działanie mięśni oddechowych, aktywowane przez sygnały elektryczne wysyłane do nich przez neurony jego centrum oddechowego, znajdujące się w żarówce rdzeniowej, nad rdzeniem kręgowym.

Byłem więc zadowolony, że pozostałem poza jego ciałem, wokół niego, w tym pokoju; chociaż oczywiście, w czasie jego agonii nadal wchodziłem, napędzany mechanicznym respiratorem, i przez cały czas byłem obecny, tak jak byłem obecny przez miliony lat, bez chwili przerwy, we wszystkich miejscach życia planety.

Ale i tak nic nie można zrobić beze mnie, tego prostego i niezauważalnego gazu: istotnego tlenu. Sama moja nieobecność wystarczy, aby ktoś rozpoczął podróż powrotną do materii gwiezdnej, z której wywodzą się wszystkie formy życia.

Od mnie, nieistotny, nieuchwytny, bezbarwny i bezwonny gaz, zależało i zależy życie wszystkich stworzeń, które istniały w przeszłości, tych, które istnieją teraz i tych, które będą istnieć w przyszłości, od mojego pochodzenia, ponad dwa miliardy lat temu, figura i data, o których nigdy nie można było nawet pomyśleć, ponieważ nie można było tego zrozumieć.

Jestem częścią tego ogromnego oceanu niewidzialnego powietrza, bardziej ogromnego niż wszystkie oceany i morza świata razem wzięte: ziemskiej atmosfery. Tak subtelna i niezamierzona jest moja obecność, że nawet ty nie zdawałaś sobie sprawy z tego, że oddychałaś mną, z chwili na chwilę, przez całe swoje życie. Czy wiesz, madam, że Matka Ziemia rozprowadza mnie po całej planecie tak, że nie brakuje mi tylko jednego z jej stworzeń, które mnie potrzebuje? Być może również nie zdawałeś sobie sprawy, że za życia nigdy nie byłem nieobecny, kiedy rozpalono ogień w raju, który ogrzewał dom i gotował jedzenie. Opuszczacie to życie nie wiedząc, że beze mnie ten ogień nie byłby możliwy, ani nieuchwytny ruch klaczki w zagrodzie, ani wyprzedzenie pierwszego samochodu rodzinnego, Daniela Studebakera, i że beze mnie ani ptaki na podwórku, ani samoloty, które przelatują nad Fatimą prawie na poziomie dachu i które można zobaczyć z waszego domu, nie byłyby w stanie latać po niebie, ani statki kosmiczne, które przecinają ziemską atmosferę zmierzając w przestrzeń kosmiczną.

Jestem tak niezbędny do życia, że pierwszym ludzkim aktem w chwili narodzin jest oddychanie powietrzem, które mnie zawiera, a ostatnią rzeczą, którą ktoś przestaje robić w chwili śmierci, jest oddychanie mną. W dniu, w którym go przegapiłem, nie dlatego, że chciałem, ale dlatego, że ten zakrzep uniemożliwił mi przejście, pępowina, która utrzymywała go przy życiu na Ziemi, pękła. Te dwie proste rzeczy, aby oddychać lub nie oddychać, inicjują początek i koniec każdego człowieka i każdej istoty, która jest ode mnie zależna.

Nie chcę się rozdzielać nawet nie wiedząc, że pojawiłem się na Ziemi, gdy pojawiły się pierwsze formy życia w morzu, fotosyntetyczne niebiesko-zielone algi, które zaczęły pochłaniać dwutlenek węgla z atmosfery, parę wodną, światło ultrafioletowe z gwiazdy Słońca, a za pomocą cudownych komórek chloroplasty nauczyły się zjadać światło Słońca i zamieniać je na cukier i na mnie, na oceany i morza. Początkowo byłem w nich spożywany, reagując z zapalonym atomem żelaza, który również stanowi część hemoglobiny w ludzkiej krwi. W wyniku tej reakcji w moich płucach powstaje związek zwany oksyhemoglobiną, który transportuje mnie, napędzany przez serce poprzez tętnice, do komórek, gdzie łączę się z cukrami i węglowodanami, aby wyprodukować energię potrzebną organizmowi do jego codziennych czynności; tak jak twoja, doskonała babcia.

Miliony lat po wyjściu z mórz udało mi się uciec w atmosferę i stać się częścią troposfery, przyczyniając się do powstania niebieskiego koloru ziemskiej atmosfery. I, jak mówi poeta, niebo stało się niebieskie, bo morza są zielone.

Przez dwa i pół miliarda lat wzrastałem w atmosferze, aż do osiągnięcia proporcji dwudziestu jeden litrów na każde sto litrów mieszanki zwanej powietrzem, składającej się dodatkowo z siedemdziesięciu ośmiu litrów azotu, trochę gazu węglowego, argonu i pary wodnej. Od tego czasu, półtora miliarda lat temu, Matka Ziemia jest odpowiedzialna za utrzymanie tej mojej wartości na stałym poziomie w swojej atmosferze i opracowała mechanizmy, które nie pozwalają mi się różnić. Można już sobie wyobrazić, co by się stało z tą planetą, gdyby moja matka Ziemia pozwoliła mi zwiększyć lub zmniejszyć się tylko trochę.

Czy to nie zadziwiające, że ten ważny tlen wypełnia każdy zakątek świata? Czy to nie zadziwiające, że jestem bezwonny? Czy ktoś może sobie wyobrazić, że mam ostry zapach perfum albo duszący, mdłościwy zapach? Kto by się opierał przez całe życie wdychaniu nieznośnego zapachu? Wszystkie te szczegóły były w głowie mojej matki, kiedy stworzyła warunki do życia.

Ze mną i z pomocą światła słonecznego Ziemia stworzyła warstwę ozonową, która chroni delikatne komórki życia, DNA, przed śmiertelnym promieniowaniem ultrafioletowym, składnikiem tego samego promieniowania słonecznego. Z nami, z tlenem i ozonem, Ziemia była gotowa na to, by atomy, pochodzące z gwiazd, ewoluowały w swoim siedlisku, aż staną się życiem, mózgiem i sercem u ludzi, jak u ciebie, wspaniałej pani, która przestała istnieć.

A teraz, druga duża pielęgniarka z gigantycznymi fioletowymi rękami idzie do pracy. Do zobaczenia później, madame. Na kremacji.

6. Odczep się. Pobudka

Boli mnie, Gaya, widzieć cię leżącą bez życia w tej trumnie, kiedy jeszcze niedawno poruszałeś się po domu zamiatając, myjąc, rozmawiając z krzakami, śpiewając, gotując i mniej lub bardziej szczęśliwy. Kto by pomyślał, że umrzesz, kiedy będziesz w doskonałym zdrowiu, mimo starości, a wszystko z powodu tego prostego skrzepu, który przerwał dopływ tlenu życiowego z mojej atmosfery do twojego mózgu? Co stanie się z Juanem, kawalerem rodziny? Zostanie zabity przez samotność. Spędził życie czytając książki o chemii, podczas gdy jego życie prześlizguje mu się przez palce jak woda i nigdy nie chciał być od ciebie oddzielony, a on powoli, ale pewnie przechodzi wiek godów i prokreacji. Starzeje się i będzie samotny, nieodwracalnie. Nawet ptaki w moim ogrodzie porzucają swoje pisklęta, kiedy są w stanie same o siebie zadbać, nawet jeśli na początku miałyby zabrać swoje pożywienie do własnych dziobów. A twój mąż, Cleo, jaka będzie jego przyszłość? Przyjdziesz po niego?

Zdejmij te ciemne okulary, które ukrywają kałużę w twoich oczach. Wstydzisz się być widzianym płaczącym. Płacz, ten płacz nie jest przestępstwem. Wyjdź z tego rogu, gdzie ukrywasz się przed budzącymi się gośćmi. Płacze, jak każde dziecko, gdy matka zabiera go i zostawia w przedszkolu po raz pierwszy. Tym właśnie jesteś, sierotą w wieku czterdziestu lat, ponieważ nigdy nie chciałeś być oddzielony od swojej matki; a teraz, wraz z jej śmiercią, pępowina, która trzymała cię przy niej, jest złamana. Daj spokój, nie bądź taki racjonalny. My, twoje uczucia, pozwalamy ci. Zrób to, jesteś nie mniej mężczyzną do płaczu.

Ten guzek w gardle nie pozwala mi płakać, i jak bardzo chciałbym to zrobić, żeby sobie ulżyć. W tym momencie jedynymi szczęśliwymi są Santiago, Efraín,

Sebastián, Juan Camilo, Andresito, Natalia. Beatriz Socorro, w ekskluzywnym kobiecym kąciku, mówi, że obrzęd śmierci nie powinien być ukryty przed dziećmi: niech się do niego przyzwyczają. Psycholodzy mają swoje powody. Dzieci biegną dookoła, przechodzą pod trumną, skaczą, jeden dwa, jeden dwa, odwracają się do swoich ostrożnych rodziców, a panie odpowiadają.

-Co martwi ludzie robią sobie nawzajem?

-Włożyli je do dziury.

-Babcia się spali.

-Czy umarli nie boją się być wepchnięci do dziury?

-Zmarli nie czują.

-A co jeśli są spalone?

-Ani jedno, ani drugie.

Kolejny bukiet kwiatów. Efraim wychodzi na spotkanie z nim, Sebastian dogania go, smutek powraca, odraczają bukiet i rozpraszają płatki na pudełku, Hiromi Lucia kładzie taśmę na łodydze, krzyżują ją nad trumną, już udekorowali całe pudełko liliami, goździkami i różami. Ciotka Angela Maria podnosi Ephraima tak, aby wieko było w zasięgu ręki i mogła przymocować kwiatostany lilii i jaśminu. Ephraim robi to sam. Magdalena Maria położyła na głowie Matki koronę z kwiatów, aby przykryć szew, w którym była piłowana. Z tym idealnym szwem, mama wygląda jak żywa królowa.

Płacz Juan, rzuć znak, płacz łagodzi, spójrz na tego ptaka, który wchodzi przez okno i ląduje w centrum katafalku, życie jest to, że ptak, który pewnego dnia wchodzi i śpiewa, a dzień mniej oczekiwanych ucieczek i idzie śpiewać gdzie indziej, jak to idzie gdzie ten ptak, który właśnie przybył wszedł.

Efraim, na dnie długiego marmurowego pawilonu białych orszaków, rozpryskuje się boso w basenie wody, której bąbelki przypominają nam o wieczności. Ze swojej pozycji w pokoju, Marta Lucia opiekuje się nim, odmawiając jeszcze jeden różaniec.

Matka bała się, że zostanie uwięziona w windzie i wolała chodzić po schodach budynków, być może dlatego tak bardzo się zdziwiła, gdy pomyślała o betonowym sklepieniu grobowca, do którego wsiąka woda, wylizując ciało z kości, aż będzie gładkie i chude. Zawsze prosiła nas o skremowanie jej i zakopanie prochów na zewnątrz na drzewie takim jak Dona Pastora's.

Chcę płakać i nigdy więcej, ale ta kula w moim gardle nie pozwala mi, nie pamiętam, żebym kiedykolwiek płakał, nigdy nie płaczę, moje łzy wysychają zanim wyjdę.

Dokąd idą te lata? Umysł pamięta tylko to, co wybiera, a my nie wiemy, co woli. Co za drażliwy grudzień. Żłób nie wróci, atmosfera wieczoru, tym bardziej domowa atmosfera. Pamiętam, że oczekiwanie zaatakowało nas od kiedy otworzyliśmy oczy, kiedy obudziliśmy się rano i nie poddaliśmy się, dopóki nie zamknęliśmy ich w nocy zmęczeni zabawą. Ulica z wiankami połączyła nas z tymi na bloku. 16 grudnia wszyscy bracia i siostry po obiedzie zabrali kawałki stołu, puste i czyste, zabrali je do kuchni i z pomocą obfitej, czystej wody, która wypłynęła z kranu, matka zwróciła im biel cyny i przywróciła każde naczynia na swoje miejsce. Załóżmy żłób, powiedziała, i pobiegliśmy do checherów i wyciągnęliśmy kartony ze świętymi, domkami, zwierzętami, kolorowymi kulami, obiektami, potrząsnęliśmy nimi i zabraliśmy je do sali, miejsca świętego, dostępnego tylko dla zwiedzających. Skrupulatnymi rękoma odsalaliśmy pudła, wyjmowaliśmy po kolei przedmioty i wszystko zamieniło się w chaos na czerwonej kafelkowej podłodze. Cały pokój był dla nas. Rozciągnęliśmy deski po całym miejscu i przykryliśmy je paczkami po cemencie, rozbryzgaliśmy je czarno-białą farbą, imitującą skałę, rozciągnęliśmy i zebraliśmy papier żłóbkowy oraz stworzyliśmy doliny i góry, wąwozy i skały, a kafelkami pod papierem wyróżniliśmy miejsce na wielką chatę. Z wilgotnym mchem pachnącym górami Betlejem, które zebraliśmy poprzedniego dnia, oraz z kaktusami i gałęziami sosnowymi, pokryliśmy wzniesienia, pęknięcia i zbocza. Niech będzie rzeka", powiedziała matka, "i czysta rzeka celofanu będzie płynąć z wysokiego kamienia i zapłodnić jałową dolinę. Niech będzie jezioro, a od razu rozbite lustro jakiegoś dawcy pokryło się kaczkami i plastikowymi kolorowymi rybami. Niech będą drzewa, a z łona świeżego mchu wyrosły drzewa, które oferowały swoje fronty i owoce perłowe do nieba. Niech będą ptaki, i ptaki, a na gałęziach sosen były gołębie, orły, i papugi. Niech będzie firmament, gwiazdy i gwiazdki, a na tle malowanego oleju były chmury bawełny, gwiazdki i gwiazdki. Były tam zwierzęta wszelkiego rodzaju, a w dolinie były jagnięta i lwy, koty i myszy, psy i krowy, kury, orły i pisklęta. Niech będą mężczyźni, i byli królowie, i pasterze, i mężowie, z ich dziećmi, i z ich żonami. Niech będzie miasto, a była tam świątynia z drucianym krzyżem, który wskazywał na cztery punkty kardynalne, a wokół miasta pojawiły się kartonowe domy i rynek z bogatym towarem szklanym. Niech będzie ścieżka dla przejścia człowieka, a była ścieżka z trocin i ichtirytu dla przejścia mędrców. Wszystko powiedziane przez mamę w odpowiedniej intonacji. I do wieczora, cały ten bałagan stał się uporządkowany i każdy przedmiot z pudełka zajął już należne mu miejsce. Wydawało się, że czas dopiero się zaczął, to tak, jakbyśmy znowu stworzyli świat na swój własny sposób. Niech będzie światło, mówiła mama w końcu, a w żłobie było zapalone światło. Gdy praca była skończona, gdy nadchodziła noc, odchodziliśmy trochę i kontemplowaliśmy ją w ciszy, otwieraliśmy okna pokoju, aby każdy wędrowiec przestał kontemplować nasze stworzenie. Na niebie pojawiły się pierwsze światła, a puszka w chacie błysnęła jak rozmowa z gwiazdami na niebie. Nagle, na zewnątrz, słychać było dzwonnicę św. Teresy dzwoniącej do Anioła, a tata przychodził później i kontemplował żłób z ulicy i tego dnia była uczta.

Boże Narodzenie nie będzie takie samo. Od teraz mogę przeżuwać tylko na wspomnieniach. Dzieci skaczą w lekkim deszczu, a ten deszcz jest moim wołaniem o mamę. Ta pszczoła patrzy z kwiatu na nektar dla swojego miodu, to budzik jest jego ogrodem, może jeszcze nie wie, że obok, za sąsiednim pokojem, pod ziemią, pani właśnie pochowana zaczyna się rozkładać, jak ta samotna mucha, która szuka miejsca do odpoczynku wie. Marta Lucia przeraża ją, do cholery. Pokój jest pełen ludzi, a pokój po tym, i ten drugi. Zmarli są otoczeni przez żywych, wszędzie, a żywi przez zmarłych. Już prawie czas na ceremonię. Ci z zakładu pogrzebowego wchodzą, aby zabrać ciało matki do świątyni, wzdłuż białej żwirowej ścieżki wśród cyprysów. Po tym, ciało mamy pójdzie do pieca. Zbliżają się, żałobnicy się zbliżają, zamykają okno, jak się zamyka drzwi samolotu, gdy ma on rozpocząć swoją podróż, a ja zamykam oczy. Nadszedł czas, motyl ląduje na kwiecie na pokrywie, podnosi skrzydła, łączy się z nimi, otwiera je, łączy się z nimi, otwiera... Czterech mężczyzn niesie szufladę na ramionach.

7. Kremacja. Woda

Uduszony upałem, opuszczam ciało, które tak długo zamieszkiwałem, a które teraz chrupie się, pali, rozkłada, zostaje zredukowane do popiołu. Ale, magicznie, nie umrę, nie zostanę zniszczony, ani nie rozłożę się z gorąca. Po prostu wezmę moje parujące skrzydła, wzniosę się w powietrze i wzniosę się do nieba, nienaruszony, chwalebny i nieskażony, w postaci białego dymu, i stanę się częścią zmysłowych chmur, które tworzą się na błękitnym niebie i które w letnie popołudnia rysują kapryśne postacie zwierząt i potworów, które ludzie próbują zidentyfikować, bawiąc się, który jest słoń, a który mysz.

Zostanę porwany przez wiatr, poruszony żarem Słońca; stanę się jak krople, w kontakcie z zimnym wiatrem, i upadnę na powierzchnię ziemi w postaci deszczu, gradu, śniegu, mgły, mrozu lub rosy. Przeniknę do wnętrzności ziemi, wzniosę się do roślin i drzew, i znów wyparuje przez liście; popłynę po powierzchni ziemi w postaci strumieni, wąwozów, potoków i rzek, niosąc pokarm, który złożę w stawach, basenach, jeziorach, morzach i oceanach, gdzie ciepło gwiazdy znów zamieni mnie w parę; Wrócę do chmur i uruchomię ponownie swój cykl, który obejmuje wszystkie zasoby wodne, atmosferę, hydrosferę i biosferę, i który utrwala życie w każdym zakątku planety.

Przez siedemdziesiąt pięć lat byłem częścią twojego harmonijnego ciała, Gaya, ponieważ jestem częścią każdego żywego organizmu na Ziemi; a z osiemdziesięciu kilogramów twojej wagi, pięćdziesiąt moich ważyło. Zrobiłem część twojej płonącej krwi, twojego moczu pachnącego amoniakiem, wlałem w czarne oczy twojej twarzy, słone krople wylewały się z efektu cebuli podczas przygotowywania jedzenia w kuchni; zalałem twój mózg (z każdych stu gramów jego wagi, dziewięćdziesiąt było moich), a jednak twój mózg nigdy nie był bagnem; W nasieniu Cleo przeniknąłem do świętego sanktuarium i dotarłem do waszych wodnistych wnętrzności, by wzbudzić w was dzieci, które pozostawiacie po sobie, gdy przechodzicie przez ten świat. Zrobiłem część płynu owodniowego, który później chronił te życia podczas ich ciąży.

Robię też część krwi Cleo, a większość jej osocza krwi to ja; i śliny Cleo, jej moczu, jej potu, jej płaczu, jej mózgu (czy myśli będą wodniste?), jej soku żołądkowego i trzustkowego, jej mleka nasiennego, jej mięśni, jej miękkich kości, jej siwych włosów już skąpy, i blond i czarny jej dzieci i wnuków, bez różnicy i jednakowo w całej idę.

Jestem tym, który stał się częścią ciała Jezusa Chrystusa, Sidharty i Brahmy, tym samym, co Kleopatra cytryna i wściekły Aleksander; mądrego Sokratesa i jego uczniów Platona i Arystotelesa; Einsteina i Galileusza, Leonarda i Michała Anioła; robotnika i gryfa; tego samego, który podtrzymywał życie na planecie od momentu jej pojawienia się; tego, który stał się częścią milionów istot ludzkich, które istniały i tych, które istnieją obecnie. W ten sam sposób jestem częścią mądrego człowieka, którego jedzenie przychodzi do jego domu i który pracuje cały dzień jak wół; mordercy i alfonsa; białego, żółtego i czarnego. Wszyscy mnie potrzebują, a jednak wszyscy przyczyniają się do wyczerpania moich rezerw i zanieczyszczenia.

Nigdy nie było wysokiego i pokornego człowieka, którego intymnego ciała nie przeniknąłem w ciągu jego życia.

Jestem zbudowany z prostych molekuł utworzonych przez dwa atomy wodoru, najprostszy i najbardziej obfity atom we Wszechświecie, złożony z najmniejszych cząstek, które mogą utworzyć atom: proton i elektron; oraz przez zwykły atom, tlen.

Pomimo prostoty składu chemicznego mojej cząsteczki, tlenku wodoru, który składa się z trzech zwykłych atomów, jestem unikalną i niezwykłą substancją. Moje właściwości fizyczne i chemiczne są w naturze wyjątkiem. Czynią mnie, mówię to bez udawania i próżności, bez fałszywej skromności, najbardziej niezwykłą substancją.

Jestem najobfitszą cieczą i tworzę hydrosferę, wodnistą powłokę, która zajmuje siedemdziesiąt procent powierzchni Ziemi i której powierzchnia wynosi ponad trzysta sześćdziesiąt milionów kilometrów kwadratowych, w której znajduje się ode mnie około półtora miliarda kilometrów sześciennych i która sprawia, że ta cudowna planeta pojawia się z kosmosu jak kula wody, a nie jak kula ziemska.

Ta ogromna masa mojego ciała rozproszona jest w trzech stanach fizycznych: stałym w postaci lodu na ogromnych pustyniach biegunów, w regionach arktycznych, na Grenlandii i Antarktydzie. Ze stu części powierzchni Ziemi, same lodowce zajmują około dziesięciu części. Strefa wiecznej zmarzliny, gdzie pod ziemią zawsze pozostaje warstwa lodu, obejmuje obszar około szesnastu milionów kilometrów kwadratowych, na którym znajduje się pięćset tysięcy kilometrów sześciennych wody. Jestem również w stanie stałym, w kocach śniegu, które pokrywają górujące szczyty osadzone w chmurach. W stanie płynnym, znajduję się w kałużach, jeziorach, zbiornikach, strumieniach, wąwozach, potokach, rzekach, morzach, oceanach i we wnętrzu Ziemi. A w stanie gazowym znajduję się w postaci chmur, znajdujących się w szerokim oceanie ziemskiej atmosfery, których rozciągnięcie i ciężar przekracza zasięg i ciężar wszystkich mórz i oceanów razem wziętych, gdzie zaczynam teraz, po rozpoczęciu opuszczania waszego wspaniałego ciała.

Absorbuję w oceanach ogromną ilość ciepła pochodzącego od Słońca, które ochładza Ziemię i reguluje temperaturę planety; zamieniam się w parę wodną i przekształcam w chmury w atmosferze, gdzie ochładzam się podczas rozszerzania i kondensacji, tworząc te krople, które spadają jak deszcz; uwalniając ponownie, w tym procesie, ciepło, które pochłonąłem, aby wyparować; W ten sposób dostarczam wiatrom niezbędnej energii, która czyni z nich silnik napędzający moje chmury, niosący wodę życia do wszystkich zakątków; i ta energia, uwalniana przez moją parę podczas kondensacji, jest energią, której kosztem powstają burze i huragany i burze.

Inną moją dziwną cechą, odmienną od innych płynów, jest że kiedy mój lód jest uformowany z objętości płynnej wody, przy tej samej temperaturze wzrasta i staje się mniej gęsty niż płynna woda. To niezwykłe zjawisko pomaga zachować życie wodne podczas długich zim, ponieważ mój lód służy jako bariera ochronna przed zimnem i pozwala utrzymać temperaturę wody w środku powyżej zera stopni i zachować płynność. Gdyby mój lód nie unosił się na wodzie i nie schodził na dno, nie byłoby łatwo rozmrozić pokłady wody w momencie nadejścia lata i stopniowo zamarzałyby stawy, jeziora, kałuże, strumienie, potoki, rzeki i wreszcie morza i oceany. Zielona planeta stałaby się pustynią polarną, pokrytą w niektórych miejscach cienką warstwą płynnej wody. Ta sama właściwość, która sprawia, że lód unosi się na wodzie, jest przyczyną tak wielu gór lodowych, tak wielu unoszących się lodów i tragedii jak ta, która wydarzyła się na Titanicu. Daję życie i daję śmierć, tylko przez zmianę stanu.

Ponadto, kiedy mój lód i śnieg są tworzone, uwalniają one osiemdziesiąt kalorii na każdy gram płynnej wody, która krzepnie, ilość znacznie większą niż ta uwalniana przez tę samą masę jakiejkolwiek innej cieczy po zamrożeniu, i równą kaloriom zaabsorbowanym przez ten sam gram lodu, aby stać się równą ilością płynnej wody.

Gigantyczna ilość ciepła, którą uwalniam, gdy zamarzam, ogrzewa powietrze i ziemię, a te tłumią i powstrzymują nadejście zimowych chłodów. Przeciwnie, ta sama ilość ciepła pochłanianego przez lód do stopienia się, obniża temperaturę planety i powietrza oraz opóźnia nadejście wiosny.

Obydwa nie istniałyby, gdybym nie posiadał tej wspaniałej właściwości uwalniania dużych ilości ciepła, gdy zamarzam i pochłaniania go, gdy się topię.

Mój lód jest najwspanialszym minerałem; żaden szorstki diament nie może się równać w delikatności i pięknie z płatkami mojego śniegu, które mienią się pod słońcem. Są to kryształy mojego lodu, powstałe w wyniku kondensacji moich oparów w górnych warstwach atmosfery, gdzie temperatura jest bardzo niska. Żadne dwa płatki śniegu nie są takie same w swojej wyjątkowej urodzie, ponieważ żadna z dwóch figur zimna nie jest taka sama w lodowatych szybach okiennych.

W nieskończonym pięknie i nieograniczonej różnorodności sześciokątnej symetrii jego kryształów, każdy płatek śniegu różni się od innych swoją strukturą, kształtem czy wymiarem. Z tego niebiesko-zielonego kamienia uformowały się nie tylko kolosalne góry i lodowce, ale pokryte są nim również całe kontynenty.

Mój lód jest skałą o niezwykłych właściwościach; jest stały, ale płynie jak ciecz. Z wysokich gór powoli schodzą ogromne rzeki lodu. Z kolei moja ciecz ma właściwości stałe i kiedy uderzyłeś Gaya pod prysznicem strumieniem wody z siłą i szybkością, zobaczyłeś jak się rozpada i skacze na kawałki, jak każde szkło czy kryształ, i zanim spróbowałeś umyć zęby po raz ostatni, przyszedłeś właśnie z rozbijania wody swoim ramieniem, wiotkim mieczem, który przez nią przechodzi.

Mój lód jest niezwykle mocny i trwały. Może ona zachować na swoim łonie, przez dziesiątki tysięcy lat, nienaruszone ciała zwierząt, takich jak mamuty i inne skamieniałości, które wyginęły w szczelinach lodowcowych. Być może później, jeśli ludzka inteligencja odniesie sukces, nowi geje nie zostaną skremowani, gdy umrą, ale zachowani w blokach lodu, z nadzieją, że kiedyś się odrodzą; to właśnie o tym wasze dzieci mówiły wczoraj przy stole w jadalni, że tak powinny wyglądać cmentarze przyszłości: z lodu.

Historia ewolucji klimatu Ziemi jest zachowana w kolejnych rocznych warstwach mojego rosnącego lodu na lodowcach. Człowiek nauki był w stanie zrekonstruować jej sytuację klimatyczną przez całe tysiąclecia, z tej pamięci o mojej zamarzniętej wodzie.

Mój lód jest dobrym materiałem budowlanym, mocnym i ekonomicznym. To półprzewodnik prądu elektrycznego. Z jego pomocą powstają domy i magazyny, on sam tworzy naturalne i bezpieczne ścieżki, przejścia, pasy startowe i lądowiska samolotów. A lód w lodówce, te tysiące kostek, które w życiu zamroziły twoje bezduszne ręce, ugasiły pragnienie, zaspokoiły pragnienie gości, odświeżyły soki owocowe, obniżyły gorączkę, rozmyły siniaki, podlały podłogę w kuchni, bo lodówkę rozmroziłyście.

Ale moja niewinna ruda powoduje też katastrofy i kataklizmy; niszczy tamy i blokuje drogi; zawala mosty; zamraża statki, samochody i samoloty.

Mój lód polarny, kiedy zaczyna się deformować, chrupie, jęczy, huczy, ryczy; stopniowo zwiększa swój głos, aż jak trąbka, brzmi, wzdycha i huczy, przed rozmrożeniem.

Posiadam również niezwykłą zdolność do rozpuszczania substancji osiemdziesiąt razy większych niż moje chemiczne odpowiedniki. Wiele z nich w moim łonie jest rozdrobnionych na pojedyncze molekuły lub na atomy lub grupy atomów naładowane elektrycznością i są one dodawane i rozpuszczane w moich pożerających molekułach.

Ta siła rozpuszczania czyni mnie jednym z najsilniejszych rozpuszczalników; jestem nawet w stanie rozpuścić każdą skałę na powierzchni ziemi. Powoli i nieuchronnie niszczę najbardziej odporne granity i nie ma kamienia, jakkolwiek ciężkiego, który mógłby oprzeć się cierpliwej pracy mojej cudownej mocy. Moje prądy odprowadzają rozpuszczone substancje do mórz i oceanów. Tam gromadzą się one w postaci minerałów, które służą jako pokarm dla ryb i roślin.

Ta niezwykła siła rozpuszczania sprawia, że jestem wielkim rzeźbiarzem przyrody, w jej naturalnych Phidias; moja cierpliwa praca modeluje krajobraz ziemi, rzeźbi góry, kopie kaniony i rozpościera doliny na jej skórze; służy również roślinom do uzyskania ich składników odżywczych z ziemi w postaci wodnistego roztworu.

Inną moją właściwością fizyczną, o niezwykle wysokiej wartości, jest ogromna siła przyciągania, jaką wywierają cząsteczki mojego płynu na cząsteczki tego samego, znajdującego się na powierzchni, napięcia powierzchniowego. Ona jest tą, która powoduje wklęsłość w górę powierzchni mojego płynu, kiedy jest w wąskich rurkach, i która nadała kulisty kształt bańkom mydlanym, które opalają twoje włosy, kiedy kąpiesz je w słońcu, i moim kroplom, kiedy spadają. Kula jest wielokierunkową figurą geometryczną, która równie łatwo może toczyć się w dowolnym kierunku. Dzięki temu moje krople, gdy opadną na ziemię, z taką samą łatwością dotrą do każdego miejsca. Moje wysokie napięcie powierzchniowe podnosi moje krople w ziemi i sprawia, że łatwo przenikają przez ich drobne pory i otwory, pomagając im nawilżać. To ona prowadzi mnie przez rurki kapilarne roślin, niosąc rozpuszczone minerały z głębokich korzeni do liści i kwiatów, gdzie stają się one, poprzez fotosyntezę, bardzo słodkimi owocami.

Być może ani rolnictwo, ani piękny ogród achirów i biflory, róż i tulipanów, hortensji i cudów, orchidei i słoneczników twoich, byłoby możliwe lub trudne bez tej wysokiej wartości mojego napięcia powierzchniowego.

Wszystkie te moje właściwości, które czynią mnie najwspanialszym płynem w przyrodzie, wynikają, według naukowców, z faktu, że moje molekuły tworzą coś, co nazywają wiązaniem mostu wodorowego. Składa się to z moich cząsteczek łączących się poprzez pozytywne atomy wodoru, które przyciągają ujemne atomy tlenu, tworząc dużą tkankę cząsteczek, w sposób siatki lub sieci rybackiej, która działa jak pojedyncza makromolekuła, ale również pozwala każdemu z nich działać indywidualnie na tkankę.

Jeśli chodzi o moją historię na tej planecie, jestem przed każdym mężczyzną i kobietą, którzy kiedykolwiek istniali i istnieją, i przed każdą żywą istotą na niej. Beze mnie, życie nie byłoby i nie jest możliwe.

O moim pochodzeniu muszę wam powiedzieć, że jestem tu od czasu, gdy Ziemia osiągnęła swój obecny rozmiar i kształt. Naukowcy twierdzą, że kiedy moja matka Ziemia była tylko jarzącą się kulą, byłem już obecny w jej wnętrzu w skałach, oraz że miliony lat później, zostałem wyrzucony na powierzchnię, w postaci pary, przez piekielne paszcze wulkanów, oraz że mogłem pozostać płynny i płynąć w postaci strumieni, potoków, rzek, oraz formować stawy, jeziora, morza i oceany tylko kiedy ona ochłonęła. Mówią, że ilość mnie pochodzenia lądowego wystarczyłaby do wypełnienia wszystkich oceanów Ziemi.

Ale inni twierdzą, że moje pochodzenie jest kosmiczne i że ja również tworzę w górnych warstwach ziemskiej atmosfery, w stratosferze.

W każdym razie, moje prawdziwe pochodzenie na Ziemi wydaje się być kwestią do wyjaśnienia przez ludzi nauki. Lecz dla ciebie, Gaya Sotomayor, którego ciało porzucam w tej kremacji, uduszony przez ciepło pieca krematoryjnego, przez ten opór tysiąca stopni Celsjusza, który mnie przemienia, jestem bezpośrednim dziełem Boga i cudem stworzenia; i nie było konieczne, żebyś znał te moje szczególne właściwości i tak niezwykłe, w porównaniu z innymi cieczami podobnymi do mnie, żebyś zrozumiał, że jestem dziwną substancją niezbyt powszechną i najbardziej niezwykłą cieczą, jaka istnieje na planecie. Nawet bez tej waszej wiedzy zasłużyłem na wasz podziw i byłem dla was źródłem przyjemności i szczęścia, kiedy zetknęliście się ze mną w czasie kąpieli i kiedy podlewaliście krzaki w swoim ogrodzie, marnując mnie.

Wychodzę w tej chmurze; pod nią chrzęści, wije się i spopiela, pod działaniem pożerającego ognia, podpalanego przez tlen, którego ci brakowało, niezwykłego ciała, które zamieszkiwałeś, którego byłem częścią siedemdziesiąt pięć lat.

Krople mnie z solą, będą nadal wylewać przez jakiś czas oczy waszych dzieci i Cleo, i zwilżą wasze prochy. Ty i ja wkrótce spotkamy się ponownie w łonie naszej matki; zwilżę je, rozpuszczę ich minerały, przeniosę przez naczynia kapilarne, od korzeni do liści, kwiatów i owoców drzewa, które na Twoją prośbę zostaną zasiane w dziurze, gdzie zostaną pochowane na zawsze.

Kontynuuję swoją drogę, nie daję się zepsuć, nie daję się zniszczyć przez piekielny ogień i zamieniam się w parę, zanim ona do mnie dotrze. Muszę trzymać się swojego cyklu. Gdzie indziej, miliony mikroskopijnych stworzeń czekają tylko na jedną kroplę mnie do życia, a miliony istot twierdzą, że mogę ugasić ich pragnienie.

Razem dzieliliśmy się tym waszym ciałem i żyliśmy razem przez wiele lat waszego istnienia. Byłeś moim godnym gospodarzem, mimo że marnowałeś mnie swoimi wężami, podlewając mnie niepotrzebnie po całym domu. Byłem godny ciebie, dałem ci życie i pomogłem ci wygenerować więcej życia i je zachować.

Jesteśmy kwita. Ja nie jestem ci nic winien, ty nie jesteś mi nic winien. Nadszedł czas dla mnie abym odszedł, nadszedł czas abyście całkowicie się rozpadli, jesteście gotowi ponownie zintegrować się z łonem Matki Ziemi, nadszedł czas abyście powrócili do materii gwiezdnej z której przybyliście.

Kurz, którym byłeś i w kurzu, którym się stałeś, Gaya. Do widzenia, wychodzę na tę chmurę.

8. Życie. Popioły

Ty, wybujała kobieta, która utrzymywała równowagę w domu, niestrudzona, która walczyłaś, tutaj jesteś zredukowana do kilku kilogramów prochów, zanurzona w tej minimalnej skrzyni. Ta kupa popiołu została zredukowana do trzaskającego ciepła pieca, który odparował wodę z ciała i inne substancje lotne, które przyczyniły się do utrzymania złożonej organizacji komórek; zgrupowane w tkanki i organy, wszystkie pracują w jednym celu: twojego własnego utrzymania i reprodukcji. To niesamowite, że twoje oczy, twój głos, twoje piersi marnotrawne, twoje ciężko pracujące ręce i twoje troskliwe stopy zostały zredukowane do tej garstki fosforanów i węglanów wapnia, które stały się częścią twoich kości i zębów. Już indeks śmierci zamknął powieki, zamknął usta, uciszył lot rąk i odwołał uszy, paląc cię. Wychodzisz. Już cię nie zobaczę. Nie będę cię słuchać, nie będę cię więcej przytulać, nie będę cię całować, a ty nie będziesz mnie całować, bo nie ma twojego ciała. Nie będę już czuł twojego zapachu. Jesteś martwy, a śmierć jest na zawsze. Twoja obecność nie wypełnia już domu, twoja nieobecność jest odczuwalna wszędzie, śmierć uczyniła cię wszechobecnym. Sen to życie, bezużyteczny sen, z którego budzimy się, by umrzeć i nigdy się nie obudzić, sen, który znika w mgnieniu oka. Jesteśmy tylko prochami.

To, co mówi John, madam, nie jest prawdą, to owoc jego bolącego serca. Wiem, że nie słyszy mnie dzisiaj, ale dzień jest niedaleko, kiedy odda swoje serce, by usłyszeć mój głos. Więcej niż sen to życie. Życie jest procesem, który przeszedł żmudną drogę ewolucji; życie jest złożoną organizacją materii, która nauczyła się skomplikowanego systemu reakcji chemicznych w celu uzyskania żywności ze środowiska, metabolizmu go do samodzielnego utrzymania i reprodukcji, wyrzucania odpadów i ciepła do środowiska, które zwiększają zaburzenia wszechświata. Tworzenie wewnętrznego porządku z zewnętrznego nieporządku, to ja, życie, a imperatywem wszelkiego życia jest produkowanie więcej z siebie i pozostanie przy życiu w ciągle zmieniającym się środowisku.

Moi bracia tam z naszymi ojcami i modlitwy do dusz czyśćcowych, a ja tutaj z moim sceptycyzmem i moimi profanumicznymi myślami. Każda śmierć, która nie jest moja lub jednej z moich krwi, jest mi obojętna, wojna trojańska, polegli w Nowym Jorku, zmarli w Hiroszimie, Wietnamie, Iraku, Afganistanie, Kolumbii. Sto miliardów mężczyzn i kobiet, którzy zginęli od czasu istnienia człowieka, to tylko liczby. Żaden z nich nie ma dla mnie znaczenia, żaden z nich mnie nie skrzywdził, dopóki nie znajdzie się wśród nich jeden z moich ludzi. Tylko wtedy, gdy umiera jedna z moich krwi, jestem poruszony i czuję, że śmierć jest także ze mną i że jestem także śmiertelny.

John się myli: żadna żywa istota, jakkolwiek by się nie wydawało, nie jest wyspą. Każdy wirus, każdy grzyb, każda bakteria, każda alga, każdy porost, każda roślina, drzewo, zwierzę, mężczyzna, kobieta, razem z moją atmosferą, moją hydrosferą, moją powierzchnią ziemi, moją biosferą, są częścią tego gigantycznego mechanizmu planetarnego zwanego życiem, zdolnego do regulowania temperatury planety, składu gazów w atmosferze, zasolenia oceanów i mórz, aby zapewnić kontynuację życia.

Żadna żywa istota nie jest wyspą, a kiedy jedna z nich umiera, część tego złożonego organizmu żywego, którym jestem ja, Ziemia, umiera, a atomy wytwarzane w gwiazdach i które są częścią tego organizmu są reintegrowane na moim łonie; atomy, które pewnego dnia zamieszkiwały wulkan, skałę, moją atmosferę, drzewo, ptaka, mango lub kwiat. Grzyby i bakterie, recyklery planety, są odpowiedzialne za recykling molekuł i udostępnienie ich innym stworzeniom, a życie rozkwita promiennie w innym stworzeniu i innym miejscu. Życie upiera się, uparcie rodzi się wszędzie: niszczycielski ogień, który w jednej chwili zmiata moje zielone pastwiska, jeszcze nie ustał, kiedy już nowa trawa przebija się wśród popiołów; a topór koszenia drzewa dobroczyńcy nie kończy się, kiedy już pękające pnie zaczynają kiełkować.

Tak wiele bezużytecznego wysiłku, tak wiele poświęcenia, tak wiele walki, aby w końcu sprowadzić się do tej garstki prochów; tak wiele wysiłku, aby wszystko skończyło się w tej malutkiej skrzyni, przed migoczącym płomieniem, na tym bufecie pełnym porcelany, który nie ma znaczenia bez jego właściciela, jedynego, który naprawdę go cenił.

-Życie nie umiera. Kiedy jakieś stworzenie umiera, to tylko ta jednostka umiera, ale cechy tej indywidualności są przekazywane z pokolenia na pokolenie innym członkom tego gatunku; a więc są to cechy tego życia utrwalone, a indywidualne życie nigdy nie umiera. Kiedy Gaya zmarła, zostawiła dwanaście dzieci i dwadzieścia dwa wnuki, które utrwalały i przekraczały jej granice; nie żyła na próżno.

Życie jest zjawiskiem niepowtarzalnym w każdej jednostce i zdarza się tylko raz, ale życie jest mnożone w każdej nowej jednostce. Powtarza się to w kółko w każdym stworzeniu tego gatunku, ale każdy jego członek jest niepowtarzalny. Chociaż w przyszłości, wraz z odkryciem ludzkiego genomu, możliwe będzie uzyskanie duplikatów Gaya, pozostanie ona tym, czym była: wyjątkowa.

Życie jest to, że grzyb, który zjada drewno i uwalnia azot i fosfor, który zawiera tak, że mogą one służyć jako pożywienie dla innych roślin; życie jest to, że grzyb i że bakterie, które kojarzą się generować porost; życie jest te fotosyntezy bakterii i roślin, które przenoszą światło słoneczne i mojej ziemskiej atmosfery do tlenu, liści, kwiatów i owoców, żywności dla zwierząt i mężczyzn.

Życie jest tym, co prowadzi rękę Jana, gdy pisze tę stronę, która utrwali pamięć o Gai, czynie, który stał się możliwy dzięki tej innej formie życia zwanej drzewem.

Życie to mnogość mikroskopijnych organizmów, które zamieszkują moje wnętrzności i które będą odpowiedzialne za rozkładanie prochów Gai, aby mogły służyć jako pokarm dla drzewa, na którym posadzą ją jej dzieci.

Życie jest wszystkim, co pulsuje w Johnie. To ten tygrys, który czai się, ta ludzka ręka, która sieka życie.

Życie to ten mózg złożony z materii, który poszukuje materii i życia.

Życie jest takie, że nastolatek, który kontempluje swoje ciało w lustrze; jest to, że niewidzialne bakterie, które działają bez odpoczynku, aż przebije twardość jej zęba.

Życie to ten płomień, który pali się w świecy i gaśnie, gdy świeca się kończy. Żagiel i płomień kończą się w tym samym czasie. Ale inny płomień zapala się w innej świecy i nie może być żadnego płomienia bez świecy.

Życie jest tajemnicą i cudem, który wydarzył się tylko na tej trzeciej planecie w Układzie Słonecznym i że nikt nie potrafi wytłumaczyć, dlaczego wydarzyło się tylko na moim dziedzictwie, kiedy podstawowa materia, z której się składa, węgiel, wodór, tlen, azot, fosfor, siarka, wapń, sód, potas i inne pierwiastki, obfituje i jest rozproszona po całym Wszechświecie. Ale ten cud, synu Słońca, skończy się za sześć miliardów lat, kiedy gwiazda wyczerpie swoje paliwo wodorowe i zamieni je w hel, a już przekształci się w czerwoną olbrzymią gwiazdę, o wysokiej temperaturze, wyparuje wodę, podstawę wszelkiego życia, z mórz i oceanów. Kto będzie ostatnim świadkiem tej śmierci przez upał?

Życie jest siecią sojuszy między królestwami, orgią atrakcji; od pięknego sprytu fałszywych kwiatów i grzybów, które żyją, zarówno w gnijącym pod ziemią i w krajobrazie, do złożonych organizmów i ludzi.

Życie jest molekularną symfonią trylionów komórek i mikroorganizmów, które pracują poprzez ujednoliconą informację, aby zachować tę jednostkę zwaną życiem.

Każda żywa istota jest zrobiona z tej samej podstawowej cząsteczki DNA. Różni się on tylko kilkoma genami, a każdy z nich, tak nieznaczący jak się może wydawać, jest związany bezpośrednio ze Słońcem, gwiazdami i kosmosem, nieskończonym łańcuchem żywej materii.

Tak więc materia, która stała się częścią ciała Gaya będzie trawą, kolcem i chlebem, krwią i nasieniem, żywym stworzeniem i znowu trupem i znowu ziemią, skałą, minerałem, a więc materia zmieni formę, znowu i znowu, i przyjmie każdą naturalną formę. W ten sposób śmierć jednostki jest radością dla bakterii i mikroorganizmów, które są odpowiedzialne za rozpad związków organicznych w organizmie i reintegrację ich w moim pełnym życia środowisku.

Jestem senny. Już ich wszystkich nie ma. Tata wciąż jest w pokoju, nieruchomy, nie mówiąc ani słowa i gapiąc się pusto. Powiedział, że zostanie całą noc i nie rozstanie się z twoimi prochami ani na chwilę. Nikogo nie ma w domu, jutro o wschodzie słońca wszyscy wrócą i zakopiemy wasze prochy. Mamy już drzewo, duże i zaraz zakwitnie, jak lubiłeś sadzić krzewy, aby szybko cieszyć się cudem jego kwitnienia. Nie wypełni pan przeznaczenia ogłoszonego przez poetę: *umrzeć i pójść, nie wiemy gdzie. // Leżeć w zimnych jamach/ /i zostać tam, by zgnić.* Nie wybrałeś zimnej jamy i nie zostałeś tam, by gnić; wybrałeś, by być drzewem, i będziesz drzewem.

9. Światło. Zasada

Każda żywa istota na Ziemi jest moim dziełem; wszystkie są córkami światła i istotami światła. Żadna forma życia na tej planecie nie jest możliwa beze mnie. Pochodzę z wnętrza pieca słonecznego, w temperaturze dwudziestu milionów stopni Celsjusza, w wyniku reakcji jądrowej polegającej na połączeniu atomów wodoru, materii składowej Słońca, w celu wytworzenia atomów helu. Poruszam się w przestrzeni w formie fali i pokonuję odległość dwustu tysięcy mil co sekundę. Zajmuje mi to 8 minut i 18 sekund, aby przejść sto pięćdziesiąt milionów kilometrów, które oddzielają to, co było sypialnią małżeńską Gaya od mojego ojca Słońca. Transportuję w postaci fotonów energię słoneczną, którą rośliny i algi fotosyntezy przenoszą wraz z dwutlenkiem węgla, parą wodną i chlorofilem w oddychanym tlenie, w liściach, kwiatach i owocach, które służą jako pożywienie. W ten sposób każda istota na Ziemi zależy od energii Słońca, a wraz z nią rozpoczyna się łańcuch materii i życia. Składam się z siedmiu kolorów tęczy, które Gaya kontemplowałaby w słoneczne, deszczowe popołudnia lub gdy podlewała krzewy ogrodowe w porannym słońcu. Łuk pojawia się, gdy przechodzę przez krople wody, które rozkładają mnie na kolory, które go tworzą i stanowią moje białe światło. Ujawniam świat i wyzwalam w ludzkim mózgu uczucie koloru i wzroku. Beze mnie planeta byłaby pogrążona w ciemności i nic nie byłoby tak, jak wygląda: cudowny kwiat nie popisałby się swoją szarmanckością, ptaki nie nosiłyby swoich wielokolorowych upierzeń i ani zmierzch, ani zachód słońca nie rozwinęłyby swojej lśniącej fantazji. Każdy kolor jest fenomenem światła. Kolor ciała zależy od tego, jaką część mnie pochłania i odbija. Jeśli pochłonie mnie wszystkich, ciało będzie czarne, a jeśli odbije mnie wszystkich, to będzie białe.

Pomiędzy tymi dwoma ekstremami, inne kolory oscylują, a ten, który oko Gaya w końcu złapał, zależał od kolorów, które obiekt wchłonął i odbił. Jestem obecny we Wszechświecie od początku czasu i będę nim do ostatniej chwili. Nic mnie nie niszczy, nic mnie nie niszczy, nic mnie nie pogarsza, nic mnie nie dzieli. Jestem prawie niezauważalny, jestem falą w kosmosie, cząsteczką na Ziemi. Jestem błyskawica, jestem tęcza, jestem płomieniem. Jestem promieniem lasera, jestem lampą, jestem zmierzchiem. Jestem aurora borealis, jestem zorza polarna, jestem wszechobecna. Jestem po prostu światłem; niezbędnym do życia, przydatnym dla przemysłu, nauki, komunikacji; niezbędnym dla sztuki; jestem nosicielem piękna i dawcą życia. Nie mam wagi, nie mam objętości, nie mam ładunków elektrycznych, które przyciągają lub odpychają. Nikt nie może mnie złapać, idę po całym znanym Wszechświecie w kaprysie. Astronomowie wybrali mnie jako jednostkę do pomiaru ogromnych odległości między gwiazdami i galaktykami, mierzonych w latach świetlnych. Beze mnie, to twoje piękne drzewo, ostatnie miejsce zamieszkania Gaya, nie istniałoby.

10.Zejście. Spotkanie

Dom wzięty i ulica zamknięta przez rzesze krewnych: jeden mąż, dwunastu braci, jedenaście córek-szwaczek, dwudziestu dwóch wnuków. Dmuchnij po uderzeniu prętem prowadzonym przez bezduszną rękę Daniela wbijając jego żelazną krawędź w ziemię i rozrywając prostokąt trawy. Zapach świeżej ziemi długo zakopanej pod trawą, wydobywa się z jej wnętrzności i odsłania brązowawy brzuch.

-Mamusiu, pomagam kopać brudy łopatą.

Sebastian próbuje, ale w końcu przestaje. Juan Camilo przejmuje inicjatywę, Andresito, Santiago i Natalia nadal patrzą na tę lukę. Efraim przykucnął, przykucnął łopatą, a jego bielsze ręce w brudzie pomagają Beatriz Socorro w usuwaniu brudu.

Cleo wróciła do domu. Z pokoju wychodzi na ulicę przez zasłonę okna. Nie chciałam, żebyśmy naprawdę grzebali prochy mamy na podwórku, ale ona bardzo jasno mówiła, co chce, żeby z nią zrobili, kiedy umrze: chciała być drzewem. Jak, jeśli nie w świętej ossuarium, to czy powstanie w ciele i duszy, najpierw się sprzeciwiła, ale potem zrezygnowała z siebie. Patrzy z bezradnością i wściekłością na ostateczny los swojej żony. Obserwuję go z kąta oka, wszyscy wiemy, że ukrywa się za zasłoną.

-Stary, wąż.

-To robak, Ephraim. Pomaga roślinom pobierać jedzenie z ziemi.

Dmuchnięcie za dmuchnięciem pogłębia dziurę, a ziemia gromadzi się wokół niej. Ulicę otacza głęboka cisza, akt jest uroczysty. Jest dziesiąta rano, czas, kiedy mężczyźni i młodzież z tej dzielnicy są w pracy lub w szkole, czas, kiedy gospodynie domowe przygotowują lunch, czas, kiedy Laureles wydaje się leżeć, ale żyje. Jednak cała ta okolica jest świadkiem w ten czy inny sposób. "Wszyscy będziemy prochami", to powinno być powiedziane za zasłonami. Noworoczne słońce wyparowało krople rosy, które płakały na igłach sosny kandelabryjskiej po drugiej stronie ulicy. Santiaguito pomaga Ephraimowi w tworzeniu stosów z ziemią ułożoną na krawędzi otworu. Juan Camilo, Andresito i Natalia ożywają, plemię znajduje nowy motyw.

Marta Lucía naciska czarny polietylenowy worek z prochami matki na jej klatkę piersiową. Daniel decyduje, że dziura może teraz pomieścić drzewo, które jest bliskie kwitnienia. Marta Lucía przebija się przez morze nóg, klęka na kartce z gazetą, opiera biodra na piętach, pochyla głowę nad kręgiem otworu i ostrożnie opróżnia dno z popiołów. Potrząśnij torbą, żeby ani trochę mamusi nie utknęło. Dotykam ją, mówi Angela Maria, a jej ręce pieszczą nagie prochy. Beatriz Socorro i Magdalena María również pochylają się, by rozsypać prochy. Patrzę na twarze moich braci jeden po drugim i dostrzegam pogodną rezygnację i spokojny smutek. Wykonujemy wolę mamy. Pierwsza łopata ziemi spada.

-Ostrożnie... Angela Maria ostrzega.

Daniel wprowadza łopatę do otworu o średnicy około jednego metra, aby ją rozładować. Ziemia się ślizga, nikt nie chce, żeby to było nagłe. Jezus łamie czarny worek drzewa i odsłania korzeń w czarnej, wilgotnej, spieczonej ziemi. Józef wprowadza drzewo do dziury. Daniel rzuca kolejną łopatę ziemi, przekazuje łopatę Rafałowi, który przekazuje łopatę Izmaelowi, który przekazuje łopatę Markowi Aureliuszowi, który przekazuje łopatę Michałowi, a kolejna i kolejna, miękka łopata ziemi upada.

Otwór jest pełny, z pewnym nadmiarem ziemi na krawędzi, jak to ma miejsce zawsze, gdy otwór jest wykonany i przykryty tą samą ziemią. Klękam obok Magdaleny Marii i ściskam ostatnią warstwę, tak jak moja mama nauczyła mnie sadzić drzewo: trzeba obiema rękami ściskać ziemię, żeby wydostało się powietrze, które było uwięzione. Co za ironia: wydalić powietrze, które jest uwięzione i zawiera tlen, którego jej brakowało. Dotarła do celu.

"Wieczny odpoczynek daj jej, Panie, i niech świeci na nią wieczysta światłość". »

Córki i mężczyźni modlą się. Jestem cicho. To znaczy, kiedy wszyscy skończą: Amen.

Popioły tego ciała, które zamieszkiwał Gaya i które Ziemia przeznaczyła dla niego jako pożyczkę, podczas gdy on był częścią biosfery, do wykonania pracy, są reintegrowane przez Ziemię w jej materii mineralnej tak, że pracochłonne istoty recyklingowe przekształcają je w pierwiastki chemiczne, które składają się na całą materię we Wszechświecie i stają się częścią tego drzewa, i ponownie, za jego pośrednictwem, stają się częścią planetarnego cyklu materii, który poprowadzi je do generowania nowego życia.

Spoczywaj w pokoju, Gaya, w tym łonie. Dziękuję, że dwanaście razy współpracowałeś ze mną z misją generowania życia i przyczyniania się do jego utrzymania i ochrony. Witamy na łonie, z którego uśmierza się każdy ból, oczyszcza każdą zgniliznę, kończy się każda hańba i ludzka niegodność, goi się każda rana, a każde stworzenie wita się bez zastrzeżeń.

Woda w obfitości, gdy tylko drzewo zostanie posadzone, tak aby nie obumarło, a jednocześnie nabrało siły. Te dwa litry wystarczą.

Odnajdę teraz wasze prochy, tak jak obiecałem wam, gdy opuściłem wasze ciało pod wpływem niszczycielskiego ognia; zwilżę je i rozpuszczę ich minerały tak, by zintegrowały się z naszą matką Ziemią i służyły jako pokarm dla tego drzewa. Schodzę teraz przez pory i szczeliny ziemi, wspomagane przez moją płynność.

Nagle, Efraim, zachwycony, gdy patrzy na nowo zasadzone drzewo, wykrzykuje:

- Babciowe drzewo!

Oni patrzą na mnie, ja patrzę na nich, my uśmiechamy się do wystąpienia Efraimitu. Santiago, Juan Camilo, Sebastián, Andresito i Natalí krzyczą: "Babciowe drzewo"!

Kto może odgadnąć, dokąd zmierzają ich fantazje, być może wyobrażają sobie drzewo z babcinymi skupiskami. (Teraz, bardziej niż kiedykolwiek, wraz z uznaniem ludzkiego genomu, zbliża się prawdziwa możliwość, że drzewo produkujące babki, ponieważ jest już faktem, że roślina tytoniowa emituje światło jak mucha ognia, poprzez wprowadzenie genu, który koduje białko lucyferazy, które powoduje to światło; i że niektóre bakterie dają światło w ten sam sposób i są używane do sprawdzania antybiotyków i sprawdzania, czy umierają lub przeżywają pod ich wpływem: te, które jeszcze żyją nadal emitują światło.)

Daję ostatnią łopatę ziemi i stawiam na niej stopę.

11.W mieszkaniu. Drzewo

Witaj w tym godnym miejscu, drzewie.

Być drzewem to nieść mądrość soku do każdego z niezliczonych liści, nie powstrzymując żadnego z nich przed przyjściem.

Zakotwiczonym stworzeniem jestem, nie mogę uciekać od wrogów, ani dla przyjemności; nie mogę chodzić w poszukiwaniu wody i jedzenia, nie mogę uciekać od zimna i upału, nie mogę wychodzić, aby znaleźć partnera do zalotów i prokreacji.

Pomimo tych ograniczeń, które my, drzewa i rośliny, mamy w porównaniu ze zwierzętami i ludźmi, udało nam się przetrwać, rozmnożyliśmy się i rozprzestrzeniliśmy na całej powierzchni planety i najechaliśmy na wszystkie miejsca; od bagien po jałowe pustynie, dostosowując się do życia.

Urodzeni w morzu i pochodzący ze starożytnych wodorostów morskich, mieliśmy w wodzie wsparcie dla naszego ciała, spiżarnia żywności, środki transportu dla naszych komórek i rozproszenia naszych zapłodnionych jaj dla naszej reprodukcji.

Nadszedł czas, kiedy ziemia oferowała nam więcej tlenu i światła niż morze. Następnie rozpoczęliśmy naszą inwazję na suche i wrogie środowisko; musieliśmy opracować adaptacje, które pozwoliły nam przetrwać, rozmnażać się, rozszerzać i przejmować całą powierzchnię ziemi.

Rozwijamy korzenie, które przenikają przez brzuch ziemi i zakotwiczamy do niej nasze ciężkie ciała, zanim podniesiemy się i otworzymy nasze pionowe ramiona gałęzi na nieskończone niebo w poszukiwaniu światła. Nasze korzenie wydobywają również z ziemi wodę z rozpuszczonymi w niej składnikami odżywczymi, jak minerały z popiołów gejów, które od tej pory służą jako pokarm dla moich gałęzi i liści.

Nabywamy ksylem, cienkie rurki cieńsze od włosów Gaya, zwane naczyniami kapilarnymi, które przewodzą wodę z rozpuszczonymi minerałami, wchłoniętymi przez korzenie; od dna naszych łodyg do góry, dzięki czemu docierają one do każdego z liści, bez żadnego braku pożywienia, napędzane siłą przyciągania między cząsteczkami wody i siłą przylegania tych cząsteczek do ścianek rur kapilarnych, zjawisko zwane kapilarnością. Ten niezwykły mechanizm transportu wody jest w stanie wznieść ją na wysokość nawet dwustu metrów, jak odległy las czerwony, który Natalia spotkała w parku Yosemite w Kalifornii.

Rozwijamy inne naczynia, również cienkie jak każdy z włosów Gaya, zwane floemami, które przenoszą z liści do wszystkich części naszego ciała, produkowane przez nie cukry za pomocą wody z atmosfery, z gazem węglowym, światłem słonecznym i zielonym pigmentem, chlorofilu, poprzez proces zwany fotosyntezą, który również produkuje tlen, którego brak w mózgu Gaya doprowadził ją do mnie.

Sucha atmosfera na powierzchni ziemi zmusiła nas do pokrycia naczyń włosowatych ligniną, substancją będącą składnikiem drewna, która utwardza i wzmacnia nasze pnie i gałęzie tak, że możemy wystawić maksymalną powierzchnię liści na działanie słońca, a one zbierają z atmosfery jak największą ilość światła i pary wodnej w celu przeprowadzenia fotosyntezy.

Woskowa skórka, która ogranicza parowanie wody, zaczęła pokrywać powierzchnię łodyg i liści i wypełniła się stomoskopami, porami podobnymi do tych na skórze Gaya, które otwierają się tak, że mogą wnikać w gazy atmosfery i zamykają się w czasie niedoboru wody, aby uniknąć ich utraty przez parowanie.

Aby móc rozmnażać się w środowisku bez wody, które transportuje nasze komórki i rozprasza zapłodnione jaja, opracowujemy strategie seksualne, takie jak kwiaty z pyłkiem, nasionami i owocami.

Kwiaty, które Gaya podziwiała codziennie rano w swoim ogrodzie, jak powiedział Juan, nie kwitną, aby ozdobić wazon w salonie lub rozjaśnić podwórko domu. Nie: kwiat jest próbką płciową, która zwiększa naszą wydajność reprodukcyjną. Przez kwiat, my, drzewa i rośliny, podchodzimy do naszych ludzi, nie ruszając się z miejsca. Kwiat jest naszą strategią seksualną polegającą na wzywaniu i używaniu pszczół, chrząszczy, ćmy, świerszczy, nietoperzy, motyli i wszelkiego rodzaju owadów zapylających, a jednocześnie na dotarciu do naszego partnera, który jest sam w innej części planety - w ogrodzie Pastora - i do którego nie możemy dotrzeć bezpośrednio, ponieważ jesteśmy zakorzenieni w ziemi. Niektóre rośliny używają nawet seksualnych sztuczek, aby przyciągnąć zapylaczy, takich jak ta orchidea, która została pozostawiona w korytarzu i przybrała postać samicy osy, aby jakiś samiec wylądował na niej i wypełnił jej ciało pyłkiem. Dlatego, chociaż Gaya powiedziała, kontemplując kwiaty w ogrodzie, że znalazła przeznaczenie niektórych kwiatów, aby urodzić się o świcie i umrzeć w nocy, to jednak w tym krótkim okresie czasu spełniają one funkcję poprawy naszej wydajności reprodukcyjnej, dla których zostały one opracowane podczas naszej adaptacyjnej ewolucji, aby być w stanie przetrwać we wrogim środowisku powierzchni ziemi, w porównaniu z morzem.

Dzięki swoim jaskrawym kolorom, pięknym i różnorodnym geometrycznym kształtom, uwodzicielskim zapachem, kwiaty przyciągają owady zapylające tak, jak każda kobieta uwodzi mężczyznę swoim nieodpartym urokiem, dzięki czemu są one impregnowane pyłkiem i dalej zapylają kolejny kwiat.

Są to nasze urocze kobiety, które w pyłku, który przechowują w swoich mikroskopijnych woreczkach zwanych pylnikami, zawierają męską spermę, która zapładnia jajo innych kwiatów.

Strategia, owoc z nasionami, opracowana w trakcie naszego procesu adaptacji, pozwoliła nam zawładnąć całą powierzchnią ziemi. Każdy nasz soczysty, dojrzały owoc to zamknięty system przemieszczania się, który pomaga rozproszyć nasze nasiona do miejsc oddalonych od roślin macierzystych, wykorzystując jako środek transportu ludzi, ptaki i zwierzęta, które je zjadają. Więc kiedy Gaya wzięła nieodparte przyprawione mango, obrała je, zjadła i wrzuciła owoc do rękawa - Więc możesz się karmić, dziewczyno - ona była narzędziem drzewa mango i nieświadomie przyczyniała się do rozproszenia jego nasion i rozprzestrzenienia tego gatunku.

Kiedy Gaya wgryzł się w dojrzałą koronkę guavową i zjadł jej mięsisty miąższ, a następnie wrzucił do jej odchodów drobne, nienaruszone nasiona, służył jako środek do rozprzestrzeniania się gatunku guawy; w niemałym stopniu przyczynił się do obfitości owoców El Paraíso.

Owocem jest pojemnik na cukier z roślinami. Rozwija się i dojrzewa, aby chronić i karmić nasiona, gdy jajo zostanie zapłodnione wewnątrz jajnika kwiatu przez pyłek przechwycony przez piętno kwiatu i przenoszony przez styl, rurkę przewodzącą karpia, przez jajnik i do jaja, gdzie jest zapłodnione. Zapłodnione jajo dojrzewa do ziarna, a ściana jajnika, który je zawierał, dojrzewa do owoców, które należy przechowywać w jego niszy, ponieważ matka przenosi je w swoim łonie do płodu, aby je chronić i odżywiać, podczas gdy ziarno znajduje glebę o warunkach sprzyjających kiełkowaniu i rozwija się w nową roślinę lub drzewo liściaste.

Kiedy ziarno znajdzie takie sprzyjające warunki do rozwoju, substancja chemiczna, zwana hormonem, daje mu polecenie rozpoczęcia łamania skorupki owocu i zakorzenienia się, w poszukiwaniu własnego pożywienia; inny hormon prowadzi wzrost łodygi, w kierunku pionowym, w poszukiwaniu światła. Inne substancje chemiczne są odpowiedzialne za kierowanie produkcją pędów. Inni, ten z liśćmi i inni, są odpowiedzialni za kierowanie kwitnieniem. W krajach o danej porze roku substancja chemiczna kieruje opadanie liści, niepotrzebne zimą, ponieważ nie ma dla nich słońca do przeprowadzenia fotosyntezy.

W ten sposób odbywa się cudowny proces chemiczny, który Gaya tak bardzo podziwiała w życiu, za pomocą którego malutkie nasionko przekształca się w drzewo, tak mocne i wytrzymałe, że potrzeba kilku mężczyzn, jak powiedziała: siekiera lub piła łańcuchowa w ręku, aby je powalić.

Drzewa są pośrednikami pomiędzy nieskończonym niebem, naszą matką Ziemią, ludźmi i wszystkimi istotami, które karmimy i dostarczamy im tlenu potrzebnego do życia.

Bez nas pojawienie się gatunku ludzkiego oraz milionów i milionów stworzeń na powierzchni Ziemi nie byłoby możliwe.

Regulujemy temperaturę planety poprzez transportowanie wody, w postaci pary wodnej, przez stomy komórek strażniczych, znajdujących się w naszych liściach; kontrolujemy przepływ rzek poprzez pochłanianie wody z ziemi, aby uniknąć przelewów, które powodują powodzie.

Ponadto, nasze korzenie zawierają i zatrzymują glebę oraz zapobiegają erozji i osuwaniu się ziemi.

Drzewa i rośliny oczyszczają powietrze i pochłaniają część dwutlenku węgla emitowanego przez samochody, samoloty i kominy fabryczne oraz przekształcają go w węglowodany przeznaczone do spożycia przez ludzi i niezbędny tlen.

Nasz dobroczynny cień jest radością dla wędrowca, który poci się w słońcu.

Znając funkcje, które pełnimy i cuda, które drzewa pełnią w złożonym łańcuchu życia planety, czyż nie jest absurdalne, że ludzie wycinają i niszczą lasy, aby powiększyć obszary rolne i hodowlane, które sprzyjają pustynnieniu planety?

W moich przytulnych liściach żyją robaki, mrówki, chryzalisy, motyle, wszelkiego rodzaju owady, pszczoły, motyle i ptaki; a wśród moich gałęzi i kwiatów mieszkali przodkowie człowieka w starożytne noce i zimno.

Wśród trylu ptaków z Santa Barbara, gardło Gaya próbowało śpiewać jej czasownik i jej piosenkę.

Gładkość mojego owocu zmieniła jego pazur w precyzyjną rękę zdolną do pieszczot.

A pionowa struktura moich liści wykuła te ramiona ułożone do objęcia.

Bez mojej ciągliwej celulozy, ta strona papieru, która przechowuje pamięć Gaya, nie byłaby możliwa.

Następny jest teraz Gaya wspinać się przez mój korzeni, mój łodygi i mój gałęzi, rozpuszczający w wodzie który Juan podlewał ja, i penetrować w ten cudownego laboratorium alchemia i życie. Wkrótce ich prochy zamienią się w moje białe i pachnące kwiaty i moje purpurowe owoce w kształcie półksiężyca, który zachowa moje nasiona, które ptaki zjedzą i zabiorą gdziekolwiek pójdą, rozprzestrzeniając mój gatunek. Pszczoły będą nosić pyłek w swoich pracochłonnych ciałach i będzie to słodki miód Gaya w grzebieniach i ciepły ogień w świecach woskowych na ołtarzach.

Kiedy będę stary i ścięty na drewno opałowe, płonący ogień uwolni ciepło z moich jelit, to samo ciepło, które Słońce zabrało z naszej gwiazdy, i dam ogień domom na polu i przekształcę surowe ciało w smaczne jedzenie. Następnie wrócę do atmosfery dwutlenek węgla, który od niej wziąłem i węgiel, który był częścią ciała Gaya i który teraz służy jako pokarm dla każdego z moich liści, tak że wkrótce zakwitną w moich pięknych białych perfumowanych kwiatach, które dadzą pocieszenie opuszczonej Cleo, która w tym momencie kontempluje mnie i cicho tłumi jej płacz ukryty za zasłoną pokoju.

Witaj w swoim nowym domu tranzytowym, Gaya Maria Sotomayor de Ortiz.

12.Promocja. Powitanie

Zebrana w moim ciemnym łonie jesteś ty, matka dwunastu dzieci, a ja, matka każdego stworzenia, które kiedykolwiek istniało, wraz z moją armią mikroskopijnych recyklerów, dekomponentów i karmników, grzybów i bakterii; a ze starszymi - robaki, dżdżownice, kleszcze, protity, stonogi, owady, skorupiaki i chrząszcze; mieszkańcy wszystkich moich wnętrzności, gotowi pożreć wasze prochy i wykorzystać zgromadzoną w nich energię oraz uwolnić wapń, fosfor, sód, potas, pierwiastki łatwo przyswajalne przez rośliny. Przybyła ona również, przefiltrując przez szczeliny ziemi, Twojego nierozłącznego przyjaciela, wodę, która zaczyna je rozpuszczać i transportować do wszystkich części tego drzewa, które niespokojnie czekają na Ciebie, aby stać się częścią jego ciała. Tlen, który został uwięziony w tej dziurze, chce również współpracować z moimi mikroskopijnymi organizmami, aby pomóc przekształcić wasze prochy w minerały, które mój syn, drzewo, może przyswoić.

Jestem gotów, Matko Ziemi, być w towarzystwie twoich mikroskopijnych stworzeń i starszyzny, i z pomocą mojego wiernego towarzysza, tlenu, i mojego wiernego i nierozłącznego przyjaciela, wody, wypełnić to, na co wskazuje twoja tysiącletnia mądrość, abym mógł stać się częścią tego hojnego przyjaciela, który serdecznie mnie przyjmuje. Ufam ci z moimi prochami. Niech rozpocznie się proces, który pozwoli mi wejść przez to cudowne laboratorium rozpuszczone w wodzie, którą twoje stworzenie wchłania z twoich wnętrzności, z drzewa.

Przenikaj spokojnie Gaya do chłonnych włosów i daj się prowadzić wodzie, przez komórki mojego korzenia, które doprowadzą Cię do mojego ksylemu.

Posłuchajcie pogłoski, że mój sok rośnie przez kapilarność. Zabiera cię do każdego mojego liścia, nieważne jak wysoko i daleko od mojego korzenia.

Moje mikroskopijne rurki, łyko, wraz z wodą, zamienione na cukier, hormony i aminokwasy, prowadzą cię do wszystkich części mojego ciała.

Nie za późno Gaya będziesz kwiatem, nasionem i owocem.

Na zewnątrz słychać szmer moich liści mówiący o wietrze waszego przybycia, a radosny koncert płytek wita was.

13. Puste. Rzeczy

Kolejny dzień, który zaczyna się bez Gaya. Nasze liście więdną i opadają na podłogę podwórka, a my już nie rozkwitamy. Nasza spieczona ziemia staje się ciasna i popękana i nie ma kto wylewać wody, która ją karmi i daje jej życie. Umierając jesteśmy spragnieni, a ślimaki i robaki zjadają nasze liście i nikt nie przychodzi, aby dać nam kąpiel w skroplonym czosnku z wodą, którą Gaya obfitował na nas każdego ranka. Nikt w tym domu nie rozmawia już z nami i zachęca nas do rozkwitu. Krzewy w ogrodzie umierają samotnie w błotnistych donicach, w których posadziła nas Gaya, na tym podwórku domu, śpiewając pewnego ranka, tutaj, gdzie na próżno czekamy na jej powrót, nie wiedząc czy wróci. Nikt w tym domu nie współczuje nam, a my rezygnujemy ze śmierci w samotności i pragnieniu.

Cicho odpoczywam teraz przykrywając półki i porcelanę, obrazy i meble; w pokoju śpię i powoli przejmuję dom i dążę do pokrycia wszystkich miejsc, przedmiotów i narożników, bez Gaya przychodzącego zakłócać mój spokój na tym przyjemnym poranku, który zaczyna się bez jej potrząsania szmatką. Jestem tym pyłem, z którym Gaya walczył każdego dnia w życiu i którego nigdy nie mógł pokonać. Jestem przed każdym mężczyzną lub kobietą i, jak powiedział Gaya z głosem żalu, jestem wszechobecny jako Bóg. Kumuluję warstwa po warstwie, dzień po dniu, o rzeczach, które Gaya tak bardzo kochał. Teraz, pod ziemią, jest w kurzu jak ja, ale musiała opuścić ten dom, który tak bardzo kochała, kiedy jeszcze tu jestem, zrobiona królem miejsc, zafascynowana powietrzem, które zabiera mnie wszędzie.

Kolejny dzień na próżno, czekając, aż Gaya usiądzie na mojej wiklinowej tkaninie i delikatnie rozkołysa się przed telewizorem, odmawiając różaniec, kiwając głową, podczas gdy ona się zdrzemnie. Wciąż noszę poduszkę, na której Gaya oparła swoje szerokie plecy i na której upuściła głowę podczas snu. Oto podąża za zatopionym człowiekiem, który zaznaczył swoją głowę i czeka z niecierpliwością na powrót Gaya.

Kolejna noc bez Gaya. Nie tknąłem pod ciężarem ciała, które nosiłem każdej nocy od sześćdziesięciu lat. Bez Gaya nie ma sensu moje życie w podwójnym łóżku. Tęsknię za jej obecnością; tęsknię, każdej nocy, bo Cleo potrzebuje ciepła swojego ciała. Każdej nocy słyszę jego płacz, myślę, że nie oprze się nieobecności i umrze z miłości. Gaya i ja znamy sekrety o Cleo, których nikt inny nigdy nie pozna. Nie wiem, jaka będzie moja przyszłość w tym domu, ale bez Gaya czuję się jak sierota.

Ja, kamandula Gaya, która przybyła z Rzymu do tego domu przywiezionego przez Magdalenę Marię, jestem tu od prawie trzydziestu lat. Każdego dnia o świcie i o zmierzchu Gaja wzięła mnie w swoje ręce i mijała jeden po drugim między palcami nasiona murano mojego kręgosłupa, odmawiając różańce, litanie i tysiąc razy Jezus, Jezus, dzień świętego krzyża. Wisząc na szyi tego krucyfiksu, tęsknię za ciepłem jej palców i szmerem jej modlitw i wytrysków przed obrazem Wieczystej Pomocy i Serca Świętego. Pewnego ranka nie czuję ciepła jego dłoni.

Jasne i do góry nogami, gdy nas opuszczała, oglądaliśmy garnki, tu w kuchni, czekając na przyjście Gaya i napełnienie nas wodą i świeżymi warzywami, mięsem, substancją i przyprawami z solą, aby za pomocą ciepła pieca zamienić to wszystko w zupy warzywne, które Cleo znała i lubiła. Nasza aluminiowa skóra nie została ponownie nasmarowana i tutaj, statycznie i bez użycia, tracimy poczucie bycia, że tylko Gaya może nam dać: jeden do wysuszenia ryżu, drugi do zupy, jeszcze inny do zrobienia wody panela i umieścić wodę do wrzenia, inny do gotowania mleka i pod jej mądrymi rękami każdy spełniał swoją funkcję. Teraz odpoczywamy w ciszy, nie mając nic do roboty. Wszystko w tym domu się zmieniło, odkąd Gaya odszedł.

O tej porze rano Mama już zamiatała, mopiła, walczyła z kurzem, śpiewała w kuchni, przygotowywała obiad. Jakże dziwne, kanarka uciekła, a ta klatka bez ptaka i z otwartymi drzwiami jest kolejnym symbolem spustoszenia, które króluje. Wszystko tu jest tak, jak ją zostawiła. Wszystko czeka na nią, by wznowić życie, marsz tego domu. Wszyscy czekają, aż mama otworzy drzwi do domu i powie: "Jestem w domu!". Gdy przybyłem z rynku i krzaki uśmiechnęły się jak kwiaty, garnki zaczęły się bulgotać, gotując pyszne zupy, ściany lśniły czystością, półki, meble i porcelana wyglądały gładko, bez kurzu, łóżko leżało w wesołych ubraniach, które zawsze współgrały z jasnym tytoniowym kolorem kminku kręconego jako wykończenie. Wszystko się zmieniło: panuje samotność i cisza. Nieobecność mamy jest obecna w całym domu i w każdym obiekcie. Gdy wchodzę do jej sypialni, widzę ją siedzącą w fotelu bujanym, kiwającą głową przed telewizorem i opierającą się o tę poduszkę, która nadal ma odcisk głowy. Łóżko sprawia wrażenie, że mama właśnie je opuściła lub czeka na to, żeby spać. Zielone pantofle na skraju łóżka czekają na swoje stare stopy, by zacząć chodzić po domu przynosząc wszędzie radość. Kamandula czeka na Chrystusa na ścianie, z którym rozmawiał, jak gdyby był jego rówieśnikiem. Telewizor wyłączony, radio wyłączone, okulary na stoliku nocnym czekają na Ciebie, aby przeczytać gazetę, empiyamada i w pantoflach, jako akt całkowitego odpoczynku i nie ma już pracy na dziś. Tata spędza godziny siedząc w bujanym fotelu mamy, przed ołtarzem, zanurzony w ciszy, kontemplując zdjęcie pary, która właśnie wychodzi za mąż. W łazience, w apteczce, szczoteczce do zębów i garnku z kremem do twarzy, który ma być gotowy i nadal z pokrywką na boku, skłaniają do myślenia, że mama właśnie wyszła. A jej półrozdzielona szminka wskazuje, że zanim upadła, mama pomalowała usta na czerwono.

Ten dom bez niej jest niczym. Nic dziwnego, że mówią, że matka umiera, a dom się kończy. Ta jest skończona. To tylko ja i tata, jak para bezdomnych dzieci.

Pewnego dnia będziemy musieli opuścić ten dom, gdzie słońce wchodzi codziennie rano na podwórko, które zostawiły ptaki, w którym znajduje się ogród achirów i biflor oraz stokrotek i helikonii, które nie zakwitły ponownie, gdzie mieszkała kobieta, która z mężczyzną o imieniu Cleo urodziła dwanaście dzieci.

Cleo, teraz już prawie ośmioosobowa, spędza dni w ciszy, bez jedzenia, bez snu, kontemplując zdjęcie, mając nadzieję, że, jak obiecała żona, wkrótce przyjdzie po niego, aby umrzeć z miłości.

14.Cleo. Z miłości umierania

Ten dom to tylko ściany i pusty, stary, smutny dom. Odkąd Gaya odszedł, cisza odbija się od jego murów jak mury cmentarza. Wraz ze śmiercią Gaya upał się skończył. Wszystko tutaj zginęło wraz z ich wyjazdem: krzaki nie zakwitły ponownie, nie mają z kim rozmawiać, jak mój Gaya. Pył przejmuje obrazy i porcelanę. Gabriela, pani, która robi jedzenie, przychodzi tylko dla pieniędzy. On nie wkłada miłości w to, co robi. Zamiast tego Gaya przygotował wszystko z miłością, a przygotowane z miłością jedzenie smakowało lepiej. Ale ja już wiem, co jem, co chcę, po co żyję. Moje życie w tym domu jest bez znaczenia. Jak życie idzie z dymem. Czas jest snem, iluzją, przechodzi sekunda po sekundzie i nie zdajemy sobie sprawy, że mija i wyczerpuje swoje zapasy. Kto by uwierzył, że te sześćdziesiąt lat spędzonych z Gayą jest prawdą. Po co zdrowie bez niego, po co nic. Żyłem tylko dla niej i z jej powodu, i nie zdawałem sobie z tego sprawy aż do teraz, gdy jej nie ma. Sześćdziesiąt lat dzielenia się moment po momencie, dzień po dniu, miesiąc po miesiącu, rok po roku, nie zdając sobie z tego sprawy, nie czując tego, nigdy nie rozdzielając się. Nie wierzę w to. Myślę, że to sen, to zdjęcie, na którym promieniuje na jej piętnaste urodziny w dniu ślubu. To niesamowite, że nie ma jej już ze mną, że już jej nie widzę, że już jej nie przytulam, że już jej nie słucham, że nie śpi obok mnie, że każdego ranka, gdy się budzę, nie ma jej w kącie łóżka. Nie mogę uwierzyć, że ona nie żyje, kiedy na tym zdjęciu śmieje się z piękna, w którym się zakochałem, odkąd zobaczyłem ją pewnego sobotniego popołudnia w domu Martina. Wydaje mi się kłamstwem, że te czarne oczy i ta twarz, oświetlona tym pięknym uśmiechem, zniknęły na zawsze. Byłem tym człowiekiem w jego życiu. Gaya poświęciła się temu domowi, naszym dzieciom i naszemu domowi. Zobacz, na czym skończyło się to zmiażdżenie: sześćdziesiąt lat, dwanaście dzieci, dwadzieścia dwa wnuki, a tu jestem sam, pochłonięty miłością. Pocieszam się, wiedząc, że jest tam pochowana na drzewie i zamieniona w kwiaty. Zwyciężyła mnie Gaya, w końcu mnie przekonała. Podoba mi się już pomysł, żeby spotkać się z nią na tym samym drzewie i zostać kwiatem. Poproszę was wszystkich, kiedy umrę, abyście pogrzebali moje prochy z gejami, tak aby zjednoczeni w wiecznym uścisku nigdy więcej nie zostali rozdzieleni. Problem naszego zmartwychwstania, ciała i duszy, pozostawiam Bogu. To była moja Gaya, piękny i słodki kwiatek. Tutaj siedzę w tym fotelu bujanym przed ołtarzem i spędzam godziny czekając, aż przyjdzie po mnie. Nie chcę wychodzić z domu. Nie chcę, żeby moja gruba dama weszła i mnie nie znalazła. Każdego ranka wydaje mi się, że już wchodzi, że wchodzi bez pukania przez drzwi ulicy, że wchodzi do kuchni, że wchodzi do ogrodu, że mnie woła: Cleo, chodź, nie ma czasu do stracenia. Będę tu dalej czekał, aż przyjdzie po mnie i powie: Chodź, staruszku, idę po ciebie, tak jak obiecałem. Jedyne wyjście, które robię każdego ranka, to do wejścia do domu, aby zebrać kwiaty, które spadają z drzewa babci w nocy, jak wszyscy ją nazywają. Podnoszę je, patrzę na nie na palcach, oddycham aromatem, całuję je i wkładam do wody. Wazon, gdy wypełniam go kwiatami, umieszczam na ołtarzu, przed portretem. Potem siedzę tam, gdzie ona siedziała, by się modlić, i modlę się. Niech przyjdzie po mnie tego ciemnego poranka i zabierze mnie na zawsze do siebie, na drzewo Babci i Dziadka.

15.Transmutacja. Początek

Rano, gdy wychodzę z domu na studia, pierwszą rzeczą, którą widzę, gdy otwieram drzwi na ulicę, jest trawa w przednim ogrodzie, pokryta białymi gwiazdami, które spadają w nocy z gęstego gwiazdozbioru Babci Drzewa. Każdy kwiat ma kształt stożka, z pięcioma płatkami zaczynającymi się od środka korony i zamykającymi koło od prawej do lewej w formie spirali. Z ulistnionych liści wisi piękny purpurowy owoc, w kształcie półksiężyca, który otwiera się, gdy jest dojrzały, jak płeć żeńska i pokazuje, między ustami, malutkie czerwone nasiona, które, jeden po drugim, ptaki dziobać na, podczas gdy pracowite pszczoły idą z kwiatu na kwiat i do białych zwojów w poszukiwaniu nektaru.

Następnie zatrzymuję się, aby zastanowić się nad drzewem i zrozumieć z całą jasnością, że my, istoty żywe, jesteśmy częścią nieskończonego łańcucha życia, który ani się nie kończy, ani nie umiera, ale jest przekształcany i odnawiany w każdym stworzeniu.

Rozumiem z uczuciem, że Matka Ziemia, w swojej nieskończonej mądrości, zdołała utrzymać właściwe warunki dla życia, aby przetrwać, utrzymać się i kontynuować swoją podróż i ewolucję w czasie; że jestem niczym więcej jak odbiorcą żywej materii i energii na przejściowym pożyczeniu na to zjawisko zwane życiem, które pojawiło się i ewoluowało, i że pewnego dnia, nie pytając nikogo o zgodę, osiedliła się we mnie, a innego dnia, nawet nie konsultując się ze mną, porzuci mnie, jak tego ptaka, który wszedł na czuwanie Matki Gai i poszedł śpiewać gdzie indziej. Z radością przyjmuję, że na naszą matkę Ziemię będę musiał zwrócić glinę z naczynia, gdy rozbije się na kawałki, jak każde pęknięte szkło.

Z podziwem obserwuję popołudniami, blisko zachodu słońca, kolibry, które zatrzymują swój szybki lot i ze skrzydłami w ciągłym wzburzeniu, trzymają swoje lekkie ciało w powietrzu, wbijają swój ostry dziób w jeden i drugi kwiat, zanim wrócą i podniosą się, by zniknąć, jak kule ognia, w kierunku swoich ukrytych gniazd, kto wie gdzie.

Następnie patrzę z podziwem na wspaniałe drzewo i słucham gadania ptaków zanurzonych w jasnym słońcu lub schronienia przed deszczem wśród gałęzi. Mówi mi głos, jakby pochodził z tego samego drzewa:

Raduj się, Janie! Matka twoja nie leży pod sześcioma stopami ziemi; spłodziłem drzewo z jego prochami: czym były piersi marnotrawne, słodkimi owocami są; czym były ludzkie głosy, śpiew ptaków; czym były ramiona, gałęzie są. Nic z tego nie zostało zmarnowane; wszystko w moim jelicie zostało przekształcone w coś żywego i wspaniałego.

END.

Fabio Zuluaga Angel.

CC 8280575 Medellín Colombia

Spis treści

Printed by Books on Demand GmbH, Norderstedt / Germany